WILEY FINANCE

2013年度国家出版基金资助项目

国家出版基金项目
NATIONAL PUBLICATION FOUNDATION

"十二五"国家重点图书出版规划项目
当代财经管理名著译库

RISK MANAGEMENT

威立金融经典译丛 · 风险管理系列



# The Professional's Guide to Fair Value

## The Future of Financial Reporting

JAMES P. CATTY

(美) 詹姆斯 · 卡蒂 著　　孙光国　郄宾　杨金凤 译

# 公允价值的专业指南

## 财务报告的未来

东北财经大学出版社
Dongbei University of Finance & Economics Press
WILEY
大连

**图书在版编目（CIP）数据**

公允价值的专业指南：财务报告的未来 /（美）卡蒂（Catty, J. P.）著；孙光国等译 .—大连：东北财经大学出版社，2013. 3
（威立金融经典译丛）
书名原文：The Professional's Guide to Fair Value：The Future of Financial Reporting
ISBN 978-7-5654-1028-4

Ⅰ. 公… Ⅱ. ①卡… ②孙… Ⅲ. 会计计量-指南 Ⅳ. F230. 9-62

中国版本图书馆 CIP 数据核字（2012）第 273328 号

**辽宁省版权局著作权合同登记号：图字 06-2012-07 号**

James P. Catty：The Professional's Guide to Fair Value：The Future of Financial Reporting



东北财经大学出版社出版
（大连市黑石礁尖山街 217 号 邮政编码 116025）
教学支持：（0411）84710309
营 销 部：（0411）84710711
总 编 室：（0411）84710523
网 址：http：//www. dufep. cn
读者信箱：dufep @ dufe. edu. cn

大连图腾彩色印刷有限公司印刷 东北财经大学出版社发行

幅面尺寸：170mm×240mm 字数：212 千字 印张：11 1/4 插页：1

2013 年 3 月第 1 版 2013 年 3 月第 1 次印刷

责任编辑：刘东威 王晓欣 王 玲 责任校对：贺 鑫

封面设计：冀贵收 版式设计：钟福建

ISBN 978-7-5654-1028-4

定价：28. 00 元

# 关于作者

James P. Catty，哈佛大学硕士，美国注册会计师（CPA）、特许企业评估师协会（CA · CBV）会员、企业价值分析师（CVA）、特许金融分析师（CFA）、注册舞弊检查师（CFE）。James 于 1988 年在加拿大创建了评估服务有限公司并担任公司董事长一职，目前该公司在全球范围内专门从事企业价值及其证券价值、资产价值的评估技术服务。2006 年 James 出任国际企业价值评估分析师协会（IACVA）主席，这一组织致力于全球性的财务知识传播，并在澳大利亚、加拿大、中国、德国、加纳、印度、印度尼西亚、肯尼亚、科威特、黎巴嫩、墨西哥、新西兰、尼日利亚、菲律宾、俄罗斯、沙特阿拉伯、韩国、中国台湾地区、泰国、美国和越南等地成立特许协会。自 2008 年开始，James 担任汉林茅斯（Hanlin & Moss）会计师事务所位于美国西雅图分部和中国西安分部的顾问。

从哈佛大学获得学士学位和硕士学位后，James 在之后的 50 年里一直活跃于企业价值评估领域，为政府机构、律师事务所、跨国企业、当地企业和个人提供专业服务，得到了客户的极大认可。此外 James 也在各类期刊中发表了大量论文，并在中国、法国、德国、以色列、罗马尼亚、中国台湾地区、土耳其、英国和美国这些地区的专业机构进行演讲。James 执笔了《国际财务报告准则下的公允价值指南》（*Guide to Fair Value under IFRS*）一书，该书已于 2010 年 4 月由 John Wiely & Sons 公司出版。同时，他还参与了国际企业价值评估分析师培训指南《企业价值评估：无形资产概论》（第一版和第二版）（*Business Valuation*：*Introduction to Intangibles*）部分的编写。

# 译者序

自2001年7月FASB首次引入“公允价值”这一术语到2011年5月FASB与IASB分别发布公告统一公允价值的定义，在这10年里，公允价值一直是学术界和实务界热议的话题。面对全球经济衰退，公允价值成为这场风波的“替罪羊”；但是毋庸置疑，公允价值在财务报告中的地位日益突出，需要应用公允价值的主体也越来越广泛。正是基于上述缘由，詹姆斯·P. 卡蒂（James P. Catty）呈现给我们一本如此优秀的著作，也赐予笔者良机与大家共同汲取本书的精华。

詹姆斯·P. 卡蒂的这本《公允价值的专业指南：财务报告的未来》以论述估值的意义以及公允价值的概念为起点，进而解决了公允价值在实务应用中所碰到的基本问题：面对不确定的未来以及不同的市场状况，公允价值应该如何确定；应该以何种途径估计公允价值。在着重解决上述基本问题的前提下，本书又针对企业价值的来源、负债的评估、企业的合并、资产的减值以及审计师的核准这些与公允价值相关的领域进行了详细的讲解。因此本书是一本全面而又不失特色的著作，深入浅出地讲述与公允价值相关的大部分领域，实现了作者完成该著作的初衷：帮助其他专家——律师、会计师、教师、银行家、法官、投资者、分析师和管理者——应对公允价值。

在过去的10年中，詹姆斯·P. 卡蒂一直致力于公允价值这一概念的研究，撰写并发表了大量关于它的文献。因此本书对公允价值的发展过程有一个清晰的阐述与梳理，并且追踪了公允价值的最新发展，尤其在2007年全球经济面临低迷之后，公允价值的发展陷入困境。作者充分考虑到这一点，将公允价值面临的难题以及可取的对策充分列示于著作当中，所以本书具有较好的时效性。

受全球经济衰退的影响，市场的低迷与不活跃直接影响公允价值的估值，评估师只能采用第2层级甚至第3层级的估值。此时，估值的方法和模型成为确定公允价值的关键。詹姆斯·P. 卡蒂丰富的从业经验以及扎实的理论基础，为估值方法的选择和模型的建立提供了宝贵的建议。这也是本书最突出的特色之一。

总之，本书是一本不可多得的公允价值专著，全面而不失特色，关注公允价值的最新进展的同时也有完善的估值方法和模型作为支撑。此外，本书引例叙述翔实、脉络清晰，读者定会从本书中得到意想不到的收获。

当然，由于时间和能力所限，翻译稿中的疏落和错误在所难免，恳请学界前辈和广大读者批评指正。

译者
2012 年 9 月于东财园

# 序

一个愤世嫉俗的人，知道所有事物的价格，而不知道任何事物的价值。

——Oscar Fingal O'Flahertie Wilde（1984—1900），爱尔兰作家

55 年以前，1956 年 7 月 4 日，我来到了纽约的玛丽女王大街；我无数次访问美国，那天是，距离第一次访美 16 周年纪念日。那次旅行是暑期工作中作为一名初级证券分析师的一部分，要参观美国和欧洲的钢铁公司。这是最近非国有化的英国钢铁公司公开交易股票的价值与市价比较项目的一个关键要素。尽管这个项目是有趣的、确实吸引人的、付诸努力的，然而对于启动它的伦敦股票经纪人来说，它并不是有利可图的。因为几乎所有的股票都被高估，但是当时几乎没有机构投资者愿意出售或转让。今天，已经没有英国钢铁公司公开交易的股票，现在主要的生产商是塔塔钢铁欧洲（Tata Steel Europe），一家印度全资公司。

从前的经历使我相信价值是与价格有关的，但并不是必然相等的。这是本书的主题：本书不是为估值专家或是我所实践过的行业中的初学者寻找最新、最棒的技术而设计，我的目标是帮助其他专家——律师、会计师、教师、银行家、法官、投资者、分析师和管理者——应对公允价值。

"公允价值"这个术语第一次提出是在 2001 年 7 月，由 FASB 在《财务会计准则公告第 141 号——企业合并》（SFAS 141），现在的会计准则汇编（ASC）第 805 号和《财务会计准则公告第 142 号——商誉和其他无形资产》（SFAS 142），现在的 ASC 第 350 号中引入。在过去的 10 年中，我一直致力于对这个概念的理解和探索（我妻子会说是着迷），撰写并发表了大量关于它的研究。在那个期间，公允价值在商业和财务领域变得日渐重要。每一家实体，不论是股份有限公司、信托公司、合伙企业，还是有限或无限责任公司甚至是独资企业，都可能至少有一项资产在资产负债表上是使用公允价值入账的。

对于关注公允价值或者财务报告的每一个人来说，2011 年 5 月 12 日是一个重要的日子。那一天，FASB 发布了《会计准则汇编第 820 号——公允价值计量》（ASC 820）的修正版，IASB 宣布了《国际财务报告准则第 13 号——公允价值计量》（IFRS 13）。这些实质上完全相同的文件使得美国的公认会计原则（GAAP）与 IFRS 联合，给财务世界带来这一领域的统一定义和框架，使得本书的问世成为可能。

今天正在拓展的全球商业环境要求所有为财务信息负责的专家们合作，互相

帮助并相互依赖。会计师、审计师和评估师（估价师）必须确保实体中的每一位利益相关者——管理层、所有者、债权人和监管者——收到可靠的、最新的财务信息来满足他们的需要、职责和责任。数据必须被准确地记录、评估与审计。任一阶段的错误都将导致错误的甚至是破坏性的决策。随着 IFRS 的扩展，会计师和审计师的角色变得更加协调，现在是估价师的时代。

管理层需要详细地了解成本，包括实体生产、销售和配送的各种货物和服务，必须确保有足够的资金可以用于资本支出和营运资本，以及提供给股东的股利以确保股东的继续投资。

所有者需要这些资料来决定是否购买或是出售有价证券，建立它们的交易价格，还要衡量组合的业绩和波动性。今天，投资者有许多选择，可靠的财务信息是他们用以决策的根本基础。债权人，包括银行和供应商，需要这些资料实际地、合理地决定一家公司支付账单的能力以及能够适当地支付其短期和长期的债务。债权人在决定发放新贷款、展期或是提供信用额度时会使用这些信息。卖主依靠它们授予商业信用并达成长期合同。最后但同样重要的是，监管者要求可靠的财务信息是出于他们保护公益信托的责任。

会计师主要处理当前的财务报表，记录实体的每一项活动。审计师像会计师一样接受培训，主要处理过去的、确认财务报表公允地呈现了先前活动的结果。估价师面向将来，计算某人愿意在当下为尚未实现的收益支付多少。他们以从实体的会计师那里获得的数据和信息以及从审计师那里得到的建议为基础，提供服务并得出结论。这些服务和结论也许包括决定下列对象的公允价值：整家公司，一个单独的部门、子公司或分部，具体的金融、实物或无形资产，或是一个潜在的收购目标。

评估单独的资产，特别是知识产权项目，按照 GAAP 和 IFRS 的要求，对长期资产和商誉每年至少进行一次减值测试是十分关键的。通过会计师，管理层向估价师提供准确的、最新的财务资料和经营信息；然后估价师会给出他们的评估结论，这个结论可以纳入实体的账簿和记录中以便其接受审计师审计。一个恰当执行的评估业务一定要依靠财务资料和经营信息，反之结论的质量会受到不准确的或是不充分的输入数据的影响。

任何及所有关心估值的使用者、监管者、从业者或教育者，不论是在哪，都应该完全熟知本书中讨论的所有问题。这本书以及我之前的作品，包括《国际财务报告准则下的公允价值指南》（John Wiley & Sons，2010），会帮助我们所有人在这个领域努力实现持续性和一致性。由于最近财务报告的趋同，通过兼并、收购和重组的业务整合，以及不断变化的全球融资情况，本书所探讨的内容变得尤其重要。

作者

2012 年 1 月于加拿大多伦多

# 致谢

本书的创作是一项复杂的任务。在写本书以前，我就知道伙伴、同事和合伙人的重要性。因此我要感谢我生意上和生活中的伙伴——Dita Vadron，感谢她始终如一地支持我。还要感谢我在国际顾问、评价师与分析师协会的同事：中国的Susan Yi；加拿大的James Horvath和Zareer Pavri；美国的Wolfgang Kniest，Robert Brackett，Richard Claywell，William A. Hanlin Jr. 和Terry Isom，感谢他们不遗余力的支持与宝贵的建议。没有能干的编辑John Wiley和Sons和我的得力助手Hellen Cumber，这本书将不会有见天日的一天。

# 目 录

# 第1章 估值的意义

估值总是很难。有时，您没有足够的信息。又有时，您并不想知道实情。

——Donald Brownstein（1972—），美国投资者

时间伊始，一些估值方式就被用于估计交易双方每一样交换物品的价值或价格。不论是通过实物交易、现金交易还是运用其他方式，都是在某种商定的基础上个人、企业和税务之间不断地进行资产交换。在货币和银行诞生之前，支付手段往往包括绵羊、山羊或者粮食；在每次交易中，都包含着一个隐含价值。因此，据最早记载，公元前5000年左右，在以色列的杰里科，就有人认为继猎人、农民、商人和牧师之后，评估师是世界上第5古老的职业。

## 1.1 估值的商业用途

当考虑一个重要的商业交易时，不论是一项大型扩张、重大收购，关闭工厂或是资产剥离，管理层最终都要确定一个投资临界点，需要依据尚不充分的信息计算出一个底线，由此做出方案可行或是不可行的决定。关键的问题在于：能够创造多少价值？并且是为谁创造？答案将是唯一的，但过程就犹如在黑暗中穿衣时试图区分黑色袜子和蓝色袜子一样困难。因为通常，这其中的许多资产是看不见摸不着但却是真实存在的。

许多读者，可能是律师、会计师、教师、银行家、法官、投资者、分析师或管理者，都会参与一些估价活动。他们知道决定资产的价值是一件多么具有挑战的事。但一些人可能并没有认识到困难，仍然用传统的会计报表来看一家公司或是一项资产价值如何。请别这样做！因为那些数据一般是基于历史成本、经过摊销后得到的，反映的是过去而非将来。

实际上，价值是关于将来的。它也比应收账款、存货、固定资产等银行家所钟爱的，我们能够摸得见、感觉得到的传统项目包含更多资产。在购买者或是投资者看来，一家公司的许多价值通常体现在未予记录的、内部形成的无形资产上，如品牌、许可证、合同、员工技能等等。标准普尔（S&P）500指数显示，一些机构指出在美国这一数字超过70%。无形资产的存在使得生意之艺术有如在关掉门廊灯时将钥匙插入前门锁孔。

当一家企业购买200万美元的建筑物时，它会在它的资产负债表中以相同的数额作为一项资产列示，并能够作为借款的抵押品。如果企业聘用了一位智慧

的、能为公司带来300万美元销售业绩的员工，并保证支付30万美元的分红。公司不仅不能记录一项资产，而且必须将保证的支付金作为负债入账。然而，购买建筑物可能比雇佣员工为公司的公允价值带来的额外利润与现金流少。

## 1.2 兼并与收购

当进行一项兼并或是收购时，经常需要企业估值。如果购买方是战略投资者，其管理者通常好奇交易能够产生多少所谓的协同效应的无形资产？这将对他们的出价产生怎样的影响？这显然是有价值的，也许金额巨大，也许是能够立即使用其他闲置的生产能力或者能够立刻取得新产品或新市场。然而，这同样也有风险和成本，并且有时是很大的。好处与风险是管理层一定会询问并且评估师必须给予量化的。对于越来越多的金融买家而言，估价甚至更为重要。能够支付多少通常取决于哪些非核心资产可以出售并且售价多少。

## 1.3 财务报告

自从2008—2009年世界范围内的金融危机后，当许多金融市场停止有效运转继而导致经济衰退时，人们越来越多地关注公司的财务报告。国际财务报告准则（IFRS）已经被100多个国家采纳，或正处于采纳中，占据了世界股票市场市值的1/2以上。提出这项主张的主要是美国，虽然美国十分信任他们的公认会计准则（GAAP），认为它十分先进。然而，它的发起组织财务会计准则委员会（FASB）正在与国际会计准则理事会（IASB），即IFRS的发起组织合作，试图协调这两种标准。令人高兴的是，这两种会计语言的统一并不意味着简单的融合（或英语和外来语简单的对应），像“Donnez-moi les cornflakes”（法语：给我麦片）对应“Pass me the cornflakes”（英语：给我麦片）一样。它的主要影响可能在于创建一个公平竞争的财务世界，让更多的资产以公允价值而非历史成本计量。

在21世纪的头20年里，美国的财务报告发生了很大改变。主要的改进是收购的会计处理以及随之而来的商誉减值测试的引进。现在，GAAP和IFRS都要求收购者将目标企业的购买价格分摊至买到的各项资产，如金融资产、有形资产、无形资产，以及承担负债的公允价值中。通常来说，除了商誉只需要减值测试而不需要余值摊销，其他所有的长期资产都需要摊销余值，从而会影响收益。

### 1.3.1 无形资产

要确认一项无形资产，必须满足以下两个条件之一：它必须是合同性质的或者是可以出售的。由于购买价格分摊（PPA）过程对大多数交易来说十分关键（见第13章），评估师已经在收购过程中逐渐扮演了更具战略意义的角色。他们协助确定目标企业收购中可能拥有的、潜在的无形资产，并且还在计划、注册审批和尽职调查阶段提供初步意见。尽管所有的余额部分都被计入商誉并不进行摊销，但它仍然与其他长期的有形和无形资产一样，都要每年进行减值测试。这样做是为了确定是否因为环境改变导致需要确认的余值减少。尽管只记录购买的无形资产，GAAP 商誉减值测试中关键的第 2 步：确定注销金额，并没有与内部产生的项目不同。

### 1.3.2 公允价值计量

简言之，公允价值是一个广泛的概念；词典里给出了 47 个公允的同义词，包括公正的、等价的、不偏不倚的、正确的、合法的、清晰的、合理的、真实的和正直的。没有修正的市场，公允价值可以被认作是“公正”的“价值”。因此，公允价值可能是很广泛的。取决于不同情况，资产的公允价值可能是它的市场价值、内在价值或投资金额，可能是清算条件下的也可能是持续经营下的金额。有幸的是，FASB 和 IASB 已经制定了公允价值的明确定义（将在第 2 章详细讨论）和估计公允价值的相关框架（将在第 3 章中讨论）。

### 1.3.3 公允市价

公允市价这一术语，可以追溯到美国的 14 包大头针案件——1832 年联邦法院的一个关税案，已经是明确定义的，并在充分考虑法律、税收以及会计的背景下建立。现在，公允市价是在真实销售或是在假设的情况下，一项资产能在市场上找到的公平的价值。

19 世纪中叶以后，在国内以及国际市场的发展下，多数西方国家商业估值的需求都是由保险和税务推动。近些年来，焦点已经转移到财务报告的公允价值上。在美国的 20 世纪 20 年代，公允市价可以与公允价值互换，用于记录资产负债表上的资产。1933 年，新成立的证券交易委员会（SEC）由于 1929 年股价的剧烈下挫，禁止将任何资产增计超过它们的原始成本。

与此同时，SEC 将重点从资产负债表（财务状况）转移到了收益和损失（利润表或者说经营状况）上；现在，我们基于“未来”观，重点正逐渐从收入和费用重新回归到资产和负债上来。当然，这是另外一回事了。

### 1.3.4 相关文献

如果快进 20 年到 1953 年，那时经济大萧条结束已久，经济恢复繁荣，公允价值重返舞台。当年，第 43 号会计研究公报（ARB）阐明了公允价值。从那时开始，公允价值就是所有资产购买时需要的计量基础；然而，公允价值这一术语并没有被定义，也没有规定任何方法能够估计公允价值。

20 世纪 70 年代，在一系列所谓“欺诈”丑闻的余波中，会计原则委员会

(APB) 意见书第 16 号和第 17 号问世了。依照两份意见书，公允价值再次被要求用于取得资产的计量，这里的资产不包括合营、联营产生的收益。两份意见书还规定了购买的无形资产（除商誉外）的确认与计量方法。对公允价值来说，这开启了公允价值的现代纪元。由于一些术语没有定义，惯例上资产负债表的资产确认使用与报税单上相同的公允市价；任何未能分摊的余额计为商誉，在 40 年之内摊销。

继而迎来了繁荣的 20 世纪 90 年代，此时经济变化催生出一系列的会计政策。在那 20 年里，无数的、有时是很大的收购是以新技术以及企业无形资产的明显优势做支撑的。后者指的是受法律特殊保护的一类重要的无形资产（专利权、商标、产权、设计、商业秘密等等）。

标准普尔 500 指数的平均市账比被认为是衡量美国产业拥有未确认无形资产的有效指标。这一指标从 1982 年最后一次大牛市开始涨了约 1.1 倍，到 1999 年顶点时涨了 5 倍，2010 年已经回落到 3 倍左右。

在那个所谓的“金发”年代（1990—2005 年），美国经济增长不太快，但也不太慢，这时 FASB 发布的文件中涉及价值、计量方法和现值技术的数量颇丰。在 20 年间发布的 32 份财务会计准则公告（SFAS）中，有 15 份公告强调确认或计量问题，并有 11 份提到了现值技术，这两者有一些重叠。

千禧年的最初几年里准则的产出十分狂热。2000 年，FASB 发布了概念公告第 7 号，指出净现值是估计公允价值的一种方式。2001 年 6 月，FASB 发布了财务会计准则公告（SFAS）第 141 号和第 142 号，《财务会计准则公告第 144 号——长期资产减值与处置会计》（SFAS 144）很快地紧随其后。这些文件包含了公允价值的较早定义，并且提供了企业合并时记录无形资产的具体方法。美国注册会计师协会（AICPA）接着提出了研发费用（IPR&D）实践助手（2001 年 12 月），其中包括了一些可接受的估值前提与做法的详细描述。2003 年 1 月，AICPA 发布了审计准则公告（SAS）第 101 号，规定了就使用公允价值计量而言审计师应扮演的角色。最后，2006 年 6 月，发布了《财务会计准则公告第 157 号——公允价值计量》（SFAS 157），最后的修订版是 2011 年 5 月 12 日发布的会计准则（ASC）第 820 号。

公允价值这一术语往往与财务报告相联系，尽管美国和加拿大的公允市价加上其他国家的市场价值，现在经常与报税和资金需求有关，但是公允价值总被强调是基于市场的，许多从业者认为它与公允市价是同义的。这种情况正发生着改变。FASB 已注意到美国对公允市价的定义，实际上依据的是美国税收规定第 54-60 号，主要涉及资产（权利）并将其赋予有效的法律内容。因为这种解释性的判例法与财务报告可能不甚相关，所以 FASB 选择发展自己的定义（将在第 2 章中介绍），这一定义与以往解释和判例法无关，它是基于市场参与者这一新概念而非自愿买方和自愿卖方的脱手价格。

依据 IFRS 和 GAAP，这两个术语存在一个主要区别：公允价值不考虑自愿卖方的观点，而主要是一个脱手价格。第4章一个简化的例子说明了使用市场参与者假设的公允价值会明显低于（或高于）基于管理层预期的公允市价。

### 1.3.5 公允价值会计

关于公允价值在财务报告中扮演的角色（正如ASC第820号中的定义）的世界范围内争论在2011年仍在进行。现在的模式是一种混合模式——一些资产（金融资产或是实物资产）以摊余成本计量，其余的大多数采用公允价值计量。然而，财务报表及附注里的披露为争论双方提供了额外的公允价值信息。多数从业者认为目前的情况造成了异常的问题并带来了挑战。这里有许多支持或者反对完全采纳公允价值会计的争论，没有达成一致。这些争论已经分成主观类和客观类（见表1—1和表1—2）。

表1—1 **支持和反对公允价值会计的客观争论**

| 支持 | 反对 |
|---|---|
| 容易解释 | 有时做决定与审计都很难并且代价高昂 |
| 总是具备相关性 | 估计时更易受到偏见影响 |
| 避免一些交易构造 | 由于模型和输入差异而产生不一致 |
| 提升一致性 | 不总是有用的，比如房产对上金融工具 |
| 为投资决策提供基础 | 当与利润表的交易流联系起来可能会让人困惑 |
| 提高透明度 | 资产在持有期间缺乏相关性 |

表1—2 **支持和反对公允价值会计的主观争论**

| 支持 | 反对 |
|---|---|
| 确保了减值损失的及时更正 | 有时没有实际市场，只有假设的市场 |
| 一些问题有用的、早期指标 | 市场可能是错的；管理层对未来现金流的估计可能更好 |
| 管理层意图可能造成有害的偏见 | 如果没有意图或需要出售，那么市场的乐观或悲观都是不相关的 |
| 不能掩盖损失 | 太多信息加剧了市场波动，例如过度悲观和非理性恐惧会造成持续性的加剧下跌，反之亦然 |

## 1.4 投资银行家与评估师

所有参与到估值的专家中，投资银行家和评估师是最重要的。说句题外话，我两者都曾担任过，前者是我20多岁时为一家大牌（高水平）华尔街公司通宵熬夜工作，后者是我在过去40多年里做的。两者都因为种种原因很大程度地参与到估值过程中。理想地说，他们应该为了他们共同客户的利益合作。

一般来说，投资银行家将潜在买方与不情愿的卖方两者联系起来，协助他们找到一个足够对双方有利的价格从而达成交易。这对于那些专业的、利润主要靠业绩的投资银行是重要的。在这个过程中，会有一些估值活动，经常是一个相当大的数目。如果涉及证券的公开发行或者私募，可能会有一个独立估值的法规要求。同时，一方或者另一方经常会需要或者要求获取关于交易以及交易完成后实体的财务和经济稳定和未来可行性，以及它对双方都公平的独立资料。

接下来快结束时，评估师发挥了非常重要的作用，因为独立性对采用公允价值进行的购买价格分摊至关重要。除此之外，通常会存在一些合规问题以及财务、税务及法定存档的要求。不论这项工作是由评估师、投资银行家或是内部完成，必须要知道，一家企业的价值能够在全球被应用，尤其是今天伴随着合资企业、内部整合、公开上市以及增加国外投资。

## 1.5 估值要求

估值包括一些定性但主要是定量的活动。估值不完全是艺术也不完全是炼金术，它是一个金字塔，是一个考虑了普遍的、基本的经济学原理，例如供给、不足、需求、替代和效用的专业判断。有3种普遍采用的途径：市场途径、成本途径（以资产为基础的）和收益途径。这些分别将在第6章、第7章和第8章有更为详尽的讨论。

在一个全局的图像中，一项交易通常被认为是吸收输入、生成输出的各种资源（金融的、实物的、无形的以及人力资源）的一种组合，而非仅仅是相关资产的合计。投入的资本（负债和权益的总和）代表了企业的总企业价值（TEV）；很显然它必须等于每一项资产、负债及权益的公允价值的总和。

企业的价值通常取决于对目标盈余及现金流的估价，而不是为每一个项目单独赋予一个数额。而资产的评估师，有时是同一个人只是戴了另一个帽子，往往会注重具体的项目而不会花很多时间在整个实体的经济状况上。这两种估值都有强烈的需求（见表1—3），表1—3列示了10种典型的使用者需求。

表1—3 财务报表使用的需求

| 使用者 | 需求 |
|---|---|
| 审计师 | 资产的价值 |
| 破产法官 | 企业及资产的价值 |
| 董事会 | 权益价值 |
| 金融分析师 | 企业及资产的价值 |
| 投资银行家 | 企业整体的价值 |
| 法律顾问 | 企业及资产的价值 |
| 管理层 | 通常同时包括资产价值及权益价值，因为报酬也许与回报相联系 |
| 监管者 | 企业及资产的价值 |
| 股东 | 权益价值 |
| 税务机关 | 资产价值 |

## 1.6　诉讼风险

最后，我们必须解决一个重大的却不经常探讨的问题：在1996—2005年间，美国一些公司为解决证券（股东）诉讼问题花费了350多亿美元。通常，当投资者遭受损失时，他们认为损失不是因为他们的错误决定造成的，而是由其他人的过失引起，所以他们的第一反应就是“我能控诉谁?”公允价值报告的引入似乎引发了诉讼的增加，特别是在美国，在其他国家也有这种情况。这是因为估计公允价值是以原则为基础的，而不是以规则，因此需要大量的判断。回想一下，诉讼时通常很容易质疑评估师、财务报表编制者及审计师做出的任何判断。

当然，当使用公允价值3个层级（将在第3章中讨论）中的第一层级输入进行估值时不需要很多判断。资产的市场价格是什么，它的公允价值就是什么。使用第二层级经过调整的信息或是类似市场的信息作输入进行估值时就需要更多的判断。例如，原告律师可能会问评估师，“你怎么认定市场A与市场B足够相似，以至于A市场的价格能作为B市场交易项目的第二层级的输入?”对于第三层级的输入（任何信息）而言，需要更多的判断，尤其是进行财务预测时（将在第5章讨论）。在使用现金流折现（DCF）估值模型时也会用到。

毫无疑问地，原告律师会咄咄逼人地对多数判断进行批判。首当其冲的可能就是本应该更早进行减值冲销。如果是位于第三层级，他们会说使用的模型基于了错误的假设，推断构建的不合理等等。如果美国向IFRS以原则为基础的会计靠拢，就需要做出更多判断，这样就会导致使用后续发生的事攻击有充分依据的判断这种情况加剧。GAAP是以规则为基础的会计，这方面受到的牵扯更少一些。

归因于2007年美国最高法院对泰乐公司的判决，这样的攻击在诉讼初期就开始了。泰乐公司认为，在证券问题被发现之前，法院必须衡量原告的主张来判断他们是否欺诈。如果认为是欺诈的与认为不是欺诈的至少意见相当，那么案件可以继续，否则案件应该停止。

公允价值与证券诉讼联系到一起意味着，法院一开始就被要求考虑做出的会计判断和估值判断是与其中任何一个被质疑的过程相联系是有欺诈嫌疑的，还是基于诚实的基础得到的。这种关注对被告来说不一定是件坏事。阐述判断是建立在诚实的基础上并有充分依据，法官可能会对其形成有效的防守，但对陪审团来说并不一定如此，因为听了细节后他们也许会改变看法。尽管这场防御可能是出色的，但是审讯中对许多会计及估值判断的质疑毫无疑问地会增加法律及其他成本，并且给评估师带来焦虑。

## 1.7 估值的10项忠告

我谨以 10 项估值戒令结束本章。圣经中解释戒令的原意是“汝等不可……”，我更喜欢用自己的解释“汝等应该……”。

1. 要看长期。股票市场是面向短期回报的，但预测一个长期的趋势远远比猜测下周会发生什么容易得多。没人能说出 3 个月内的油价会是什么，尽管投机者总是对此下注，但是几乎每个人都能肯定接下来的 5 年后油价会明显比现在高。例如，当因缺乏市场而进行调整时，要考虑整个期间会有多长。

2. 搜寻信息。从每一位买方或卖方掌握程度跟您一样的、现成可得的信息开始，然后尽职地广泛拓展，评估顾客以及竞争者、管理层和市场。许多经理没有注意到他们所有的已经存在的及潜在的竞争者。在南美大约有 20 000 家实体上市交易，全世界有超过 40 000 家。为了找到对象相似的那些而筛选几乎每一家企业，还要利用诸如邓白氏（Dun & Bradstreet）或胡佛（Hoover）数据库来寻找私下的竞争对手。

3. 对信息来源保持怀疑。总是核对事实，并坚持了解每一个信息来源的偏见及潜在的利益冲突，确保原始信息能够为预期目标提供合适的信息。

4. 争取合理地保证有效性。按照信息质量给信息排序、打分以及过滤掉不可避免的噪音，这是至关重要的。

5. 努力认知。在决定资本化率时，不要只依赖相关来源如伊博森或达夫和菲尔普斯的信息。要寻找真正的风险以及业务的潜在回报，并将其定量化成一个让实体与报告的收购乘数相符的利率。

6. 保持谦虚。傲慢导致失败。当谦逊促成了开放的态度，就能够不断寻求优质信息，并愿意听取意见。

7. 清楚你的局限。除非您准备做许多关于行业的功课并有一位博学的导师，否则不要接受一份你不了解的领域的工作。

8. 坚持在自己胜任能力的范围内。这与“清楚你的局限”是相辅相成的。呆在您熟悉的区域或者行业是始终能够步履稳健的最好方法。

9. 逆向操作。现有的趋势不会永远持续——永远不会。市场会花很长时间形成牛市或是熊市。如果您在一个行业或是产业感觉到了一个很远的向上或是向下的趋势，可以将其在两年或是两年之后加入到你的预测中，即使你的同行为之侧目。

10. 具备适用性。考察所有可能的估值技术；也许对这一次有效的估值技术对另外一次可能是无效的。

# 第 2 章 公允价值概念

所有的价值都是对未来的预期。

——Oliver Wendell Holmes（1841—1935），美国联邦法院大法官

第 1 章讲述了估值的意义，在本章中我们要转向公允价值的概念问题，在接下来的第 3 章中，我们要讨论决定公允价值金额的公允价值概念框架。尽管许多国家在税法中应用公允市价或者市场价值已有一个多世纪之久，但是公允价值仍然是一个新的概念。1979 年，美国财务会计准则委员（FASB）发布了第 33 号财务会计准则公告——财务报告与物价变动，要求企业在财务报表附注中披露现行成本信息，用以反映当前的市场价值。2006 年，美国财务会计准则委员会发布的第 157 号财务会计准则公告使公允价值发展成为财务报表使用者熟知的一般概念。2011 年 5 月，第 820 号国际会计准则的颁布使公允价值的发展又向前迈出一步，它基本上覆盖了第 13 号国际财务报告准则的内容，同时又整合了世界上各个国家关于公允价值的概念，这些进步让财务报告变得更加重要。

## 2.1 相关公告

美国公认在会计原则和国际财务报告准则中，在某种程度上与公允价值相关的准则超过 60 项。受公允价值处理方式影响的资产、负债或者交易主要包括：

- 债务性证券和权益性证券。
- 企业合并中获得的资产和承担的负债。
- 担保的债务。
- 非货币性交易。
- 提供的劳务。
- 衍生品。
- 资产弃置义务。
- 单项长期资产或长期资产组合的减值损失。
- 债务重组。

## 2.2 定义

尽管许多读者认为公允价值是一个很复杂的概念，但是在实际应用公允价值

时，理解公允价值的定义并了解公允价值与其他计量方式的区别至关重要。第820号国际会计准则对公允价值的定义为：

在计量日的有序交易中，市场参与者之间出售一项资产所能收到或转移一项负债将会支付的价格。

由于上述价格是指“实际收到的价格”，所以公允价值是指资产的脱手价格（exit price），因此公允价值不同于已得到确认的公允市价（美国和加拿大）和市场价值（其余国家）。

“公允市价”是一个税法上的概念，其中“公允”一词修饰的是市场而非价值。美国根据国际商业价值词汇表（国际词汇）对公允市价进行了如下定义：

在资产转移过程中，涉及交易的双方充分了解相关交易实情，能够并且愿意进行资产交易，同时熟知资产状况以及资产所处的市场状况。在此前提下，购买者和出售者自愿进行资产交易达成的价格。

加拿大对公允市价的定义则是指在上述前提下资产交易所能达成的最高价格。

公允价值和公允市价的定义均受到完备的规则、法规、司法裁决和注释的影响。它们通常假设资产或证券组合在交易活跃的市场存在合理的时间，在此基础上，假想的购买双方在特定的交易中达成的一致价格。所有公认的估值方法都可以确定公允市价，并且有的已经可以用来确定公允价值。

国际价值标准对市场价值的定义类似于公允市价的定义：

在评估日，谨慎、熟悉情况的买卖双方在自愿及公平的情况下经过适当的营销达成交易，即交换一项资产确定的估计金额。

通常，市场价值的结果是一个估计的中值或者入账价值，而非脱手价格。值得注意的是，目前公允价值的定义引入了市场参与者这一重要特征。这一特征的引入确保了公允价值的计量是基于市场的，而非如同公允市价和市场价值是基于特定主体的。这3种价值类型都反映了经济实质，但不可避免地会存在计量上的误差和管理层的偏见。

## 2.3 市场参与者

作为公允价值的一个重要特征，市场参与者是指在特定市场中进行买卖的工业企业和金融机构。市场参与者的概念与公允市价和市场价值定义中涉及的自愿买卖双方类似，但并不完全相同。市场参与者必须满足于以下特征：

- 独立于相关主体。
- 能够通过普遍且常规的尽职调查获得的信息来了解标的资产及其潜在的销售情况。
- 有能力参与到标的资产的假想交易中。

- 有意愿并积极地参与交易，并非被强迫参与交易。

由于标的资产的不同，市场参与者的范围也不同，因此包含的工业企业和金融机构的范围也有较大变动。对于闲置的制造设备来说，市场参与者将包括投资者和潜在的使用者；而对于报告单位（遵循 GAAP）或者现金产生单位（遵照 IFRS，见第 14 章）来说，市场参与者则包括众多风险投资公司和潜在的竞争者。

为了辨别相关的参与者，企业管理层必须考虑与资产、市场以及企业可能的出售对象相关的特定因素。管理层必须对相关因素进行剖析，但不必辨别市场参与者，因为在多数情况下，管理层已经充分了解了潜在的购买者，所以整个过程是直接的。但是，有时企业也很有必要对其他相关的主体进行假设（有时企业也很有必要假设其他可能感兴趣的购买者）。

由于没有确定的退出市场，例如无形资产，企业应该确定理论上会购买标的物的市场参与者（包括工业企业和金融机构）的特征。市场参与者的特征一旦确定后，企业就要确定资产定价的假设。基于管理层对其他参与者在资产购置中的谈判能力的看法，企业可以构建资产交易的假想市场进而确定资产的价格。此外，企业还要考虑到资产的具体位置、具体状况、假定的市场增长率、预期的资产折旧、协同效应和适当的风险溢价。

## 2.4 公允价值会计

从广义上说，金融工具和其他许多资产均存在于活跃和不活跃的市场。网络的发展使得市场数据可以在更短的时间内获得，同时信息取得成本下降；与此同时，得益于统计模型的进步，公允价值估值也变得更加容易。这些进步致使投资者和其他数据使用者对发展公允价值会计提出了更高的需求。然而，由于实施公允价值存在的困难以及使用公允价值导致的净利润的波动性，公允价值的推行受到了管理层的严重阻碍。因此，问题的关键不在于会计计量应该单一地使用历史成本还是公允价值，而是在于如何通过混合的计量模型来确定资产、负债和权益的价值。

## 2.5 IFRS 下的重新估值

《第 16 号国际会计准则——固定资产》和《第 40 号国际会计准则——投资性房地产》规定，企业可以选择历史成本或者重新估值模型来计量实物资产的价值。使用重新估值模型时应注意：

- 资产以公允价值列示于资产负债表中。
- 公允价值变动计入重估准备中。

- 资产价值损失首先计入到重估准备中。
- 环境的变化可能会导致价值变动的转回。
- 要考虑到资产的使用价值（对企业而非市场参与者而言）。
- 与全部会计项目使用公允价值计量相比，净利润的波动性更小。

## 2.6 其他类型的价值

专业人员需要了解本书中提及的其他类型的价值。

### 2.6.1 法律公允价值

在美国，一些涉及离婚纠纷和利益纠纷的法律诉讼案件会用到“公允价值”一词，这一做法给读者造成了混淆。虽然公允价值这一术语的历史可以追溯到19世纪早期，但是在不同的领域里公允价值有不同的解释。根据美国法律学会颁布的公司治理准则，法律公允价值的定义为：

通过使用一般的估值概念和技术，确定企业里符合条件的股权所有者持有的股权份额的价值，该价值没有因为少数股东的地位或缺乏市场流通而予以折价。

由于公允价值允许对不具有控制权（DAOC）和缺乏市场流通（DLOM）的情形进行适当折价，所以法律公允价值的定义与公允价值的定义是相反的。

### 2.6.2 清算价值

在特定情况下，例如企业经营失败或者进行债务担保，企业就可能需要清算价值。清算价值不同于公允价值，因为清算价值通常是资产在被迫出售情形下确定的。在清算过程中，资产是在破产的基础上被处置的，而非基于持续经营假设。

企业的清算有两种类型——有序清算和被迫清算。在有序清算中，资产能够在较长的时间内于适当的二级市场中正常出售。按照美国的破产惯例，为确定有序的清算价值，资产的出售时间会长达18个月。而被迫清算则是在较短时间内在有限的市场范围内确立的价值，因此有时被迫清算价值也称为拍卖价值。

有序清算价值虽然没有法律上的定义，但是传统的观点对资产的有序清算价值解释如下：

类似资产在市场中经常出售给有意向的购买者能够获得的以货币计量的最可能价格。尽管在有序清算中卖方被迫出售资产，但是资产却能够在合理的期间内“按现状、按现在的位置”有序地并以广告的方式出售，而其间发生的转移成本由购买者承担。

就企业来说，对有序清算价值的类似定义表述如下：

企业终止经营时，资产在有序交易的基础上出售，偿还债权人债务后预期实现的净额。其中，净额是指扣除了与清算相关的法律费用、会计费用、必要的持有成本和处置成本之后的数额。

因此，在核算非持续经营或者资产出售时，我们就要考虑到清算价值。在此情形下，包括出售与处置成本在内的任何与销售相关的费用都应扣除。

### 2.6.3　内在价值

总体上说，内在价值是对公允价值的概括。根据投资百科的定义，内在价值是指在资产真实价值概念的基础上，考虑到影响企业所有方面的有形因素和无形因素后，确定的企业或资产的真实价值。通常情况下，内在价值是在大规模交易商中形成的，而非在市场参与者或者是特定投资者之间形成的，因此内在价值的定义包含了特殊实体的假设。金融分析师经常使用内在价值来度量目标股票是否存在低估，在少数情况下度量是否存在某种程度的高估。

### 2.6.4　投资价值

依据国际词汇术语表，资产的投资价值是指：

投资者依据个人的投资要求和预期，愿意为资产支付的价格。

相比于其他以客观、不受个人因素影响、可分离为特征的价值类型而言，投资价值的金额具有一定的主观性，这也是投资价值区别于其他价值类型的本质特征。此外，投资价值也是指未来的投资者为无形资产支付的最大金额。就其用途而言，最重要的一个就是投资价值有助于避免管理层在并购交易中支付过高价格。

在通常情况下，战略投资者支付的购买价格会远远高于市场参与者（通常为金融买家）愿意付出的公允价值。其原因在于战略投资者会因此获得协同效应（现有经营活动的合并所带来的单个或多个被兼并企业的效率和效果的提高）、提高市场准入和其他预期的优势。对投资价值而言，有意向的购买者并不是抽象（假想的）市场中的参与者，而是对未来事项带有特定预期的购买者。由于这些原因，支付投资价值的战略投资者会以相似或更低的风险获得与按照公允价值支付更少金额的市场参与者相似的回报率，其原因在于市场参与者仅仅是基于预期回报和可能风险而确立价格。

## 2.7　估值原则

不论是对单独的资产或是对一组资产、负债的证券组合估测公允价值时，通常使用的 3 个主要原则有：

1. 可选择性。在任何一项交易中，每一方都有权选择结束交易。
2. 替代性。在考虑到时间价值的基础上，理性投资者为购置一项资产支付的最高价格不会超过构建具有相同功能（效果）和效用（效率）的资产所发生的成本。

3. 未来收益。投资者为购买一项资产或证券组合支付的价格上限的另一度量方法为投资者预期未来收益的现值。

此外，还存在其他6项重要的次级因素：

1. 供给和需求。由于投资者在交易中具有自主选择权，所以资产或主体的供给、需求以及产出波动均会引起成本和收益的变动。

2. 外部因素。经营环境的改变可能会导致资产或实体的价值与历史成本计量的价值不一致。

3. 功能性减值。当资产或实体不能按照设计或获得时的要求发挥功能、提供效用，资产即发生功能性减值。

4. 有形损耗。随着资产的使用和购置年限的增加，资产功能和效用下降。

5. 技术陈旧。资产在设计和技术上缺少改进而导致资产产出能力下降。

6. 经济性减值。由于超过所有者控制范围的经济环境的变化而导致的资产或实体价值的下降，此减值并非由于资产的使用状况导致。

最后4个次级因素的影响不同于财务上的资产折旧，后者是资产在预计使用年限内摊销成本以抵销收入。

## 2.8 报告单位和现金产生单位

报告单位和现金产生单位都是非常重要的概念，在第14章中我们会详细讨论。为进行资产减值测试，企业所有的资产和负债都必须分摊到报告单位（GAAP）和现金产生单位（IFRS）中，因此企业的管理层、外部审计师和评估师应该就企业有多少相关主体以及他们是否存在商誉达成一致意见。

报告单位被定义为一个企业的经营分部或一级组成部分。经营分部作为企业的一部分，在产生收入的同时发生相关的费用，进而可以产生单独的财务信息为使用者所获得。作为企业的“主要经营决策者”，管理层应该定期审查企业每个分部的经营成果，以便决定公司资源的分配。通常情况下，报告单位内部设有地方经理与企业主要经营决策者沟通讨论经营活动、财务成果和未来发展计划。如果可能，许多企业会只设立一个报告单位，其优势在于合并中形成的商誉若存在减值，企业良好的经营业绩可以对其进行弥补。

现金产生单位作为可辨认的最小资产组合，它能独立于其他资产或资产组独立产生现金流。为阐述报告单位和现金产生单位的区别，现以一个小的零售连锁企业为例（该企业包括6个部门）。该企业可能存在一个报告单位和7个现金产生单位，其中由于6个部门均能够独立产生现金流，每个部门均为一个现金产生单位，此外为企业保管存货的中心仓库也应该作为一个现金产生单位。

# 第3章 公允价值框架

得到一个好主意并坚持下去。为之努力，直到将其完成并且做好。

——Walt Disney（1901—1960），美国艺人

前面的章节讨论了公允价值的概念，本章介绍计算金额的问题。然后我们继续进行更为有趣的话题“掌控未来”（第4章）和“预测即将发生的事情”（第5章）。两个趋同的准则ASC第820号和IFRS第13号，定义了脱手价格并为计算必要的金额建立了对应的概念框架。它主要包括6个阶段：

1. 确定核算单位。
2. 评估价值的前提。
3. 评估主要市场。
4. 建立最有利市场。
5. 选择合适的估值方法。
6. 评估公允价值的结论。

## 3.1 第1阶段：确定核算单位

要得到资产、权益、技术、负债的公允价值或是企业价值的第一个阶段就是清楚、准确地定义要评估的对象（这被称之为核算单位）。它可能是一项单独的资产（一幢独立的办公楼）、一项负债或权益、一个资产组（运营良好的机器店铺）、报告单位或是现金产生单位、实体中的所有者权益，甚至是整个企业。

这取决于记账的项目位于哪一个层级并需要根据适用的GAAP或是IFRS规则进行合计或分解的范围。例如：

- 在计算单独的经营性资产时通常会计算折旧。
- 呆账的摊销可能由单独的顾客群体或是相似购买者的组合决定。
- 商誉减值的衡量是针对报告单位或是现金产生单位进行的。

有时相关准则定义了核算单位，有时就要为确定合适的数量作出判断。如果权威文献要求对一个单独的项目估值（如一个交易股本），那么这就是核算单位；如果它指的是要对一个资产组进行估值（如相同型号的卡车车队），那么这个组合就是核算单位。

在随后的讨论中，所有实物资产及无形资产的公允价值都以最高且最佳使用

为基础，2011 年这一点对金融资产是禁止使用的。对一项不动产而言，核算单位通常就是单独的资产，即使其金额已经为了报告目的而被分解。依据 GAAP，不动产至少要分成土地和建筑物。按照 IFRS，它将分为土地、结构和适用性的要素，例如供暖设备、通风设备、空调系统（HVAC）和供电系统；在该准则下，房地产、工厂和设备（PP&E）的每一个与整体有明显关系的部分都需要在它的使用期限内单独折旧。因此，顺便提一句，当取得实物资产的公允价值以后，一般来说市场途径总是被分解成每一个核算单位的成本途径。

核算单位的例子有：

- 贷款组合（金融资产）。
- 单独的贷款（金融资产）。
- 单独的公开交易证券（金融资产）。
- 私有实体的所有收益（金融资产）。
- 办公楼（实物资产）。
- 经营厂房（实物资产）。
- 品牌（无形资产）。

资产的所有特点都必须予以体现，其中最重要的有：

- 状况。相对较新的和非常旧的项目不应该合并在一起。
- 位置。诸如汽车类的装备在不同的地点应该分开处理，因为不同地方的汽车市场不同。
- 出售或使用限制。自由交易的证券和有限制的证券有区别。

### 3.1.1 对实际资产估值

评估出的资产和负债的价值与财务报表中报出的结果相符是很关键的。这就要确保记录的每一件事物都包含在内。同时，验证这些事物实际上是相同的而不是仅仅相似也是很必要的。如果没有正确记录或是资产负债表与实际不符就会产生问题。通常，评估师在准备好一份完整的所有资产的列表后，必须根据他们实地的发现相应地调整财务报表。

另一个难题是确定一些无形资产的公允价值，这些无形资产或者是与顾客或供应商日常的关系，或者与金融资产或实物资产有直接关系。例如，一家具有存款、贷款、信用卡组合或是保险责任业务的银行支行，为了争取到可能的业务或是交叉销售的机会，通常会同意通过支付一定溢价给购买方以接受一项比市价低的收益率。财务报表中作为资产或是负债确认的仅有的项目代表了那些能够作为金融项目转让获得的现有余额；有关联的顾客关系是一项可以区分的无形资产。这是为了防止公允价值计量成为确认内部产生的无形资产的方式。

然而，当创建相关资产时，卖方为了保护顾客关系发生了费用，尽管它们当时可能费用化了。买方购买的不仅仅是金融和实物资产，还有相关的无形资产；可观测的或是假设的市场溢价（假定账面价值的14%）就是衡量它们的一种方式。公允价值与未确认的、内部产生的无形资产的相互作用仍是一个未予解决的复杂问题。

**例子**

下面的例子是以 John M. Foster（曾任 FASB 成员）和 Wayne S. Upton（FASB 高级项目经理、现任 IASB 国际活动主管）合著的《了解问题》（*Understanding the Issues*）第3卷（系列一）为基础编制的。它强调了在评估公允价值前小心定义一个项目的必要性。

有一处滨河的房产作为码头经营，它的现金流现值是5万美元。最近出售的一处毗连的房产仅土地就值7万美元。那个金额是财务报表中房地产、工厂和设备的公允价值。这个房产是码头经营的一个组成部分，它的价值同时包括了实物资产与未予记录的无形资产。作为“很大程度上可辨认现金流独立的最低层级”的码头是一个整体，不能将业务的现金流与土地的现金流分开。

至少有两个可能的原因来解释为什么经营的现金流现值低于土地当前的市场价值。第一个可能是，管理层正确地估计了码头有关的现金流，但是给土地定了一个很低的终止价值，采用比土地购买者接受的高得多的折现率。这似乎是不可能的，尤其是最近售出的楼盘的周边房产都在开发，土地会变得更有价值。因此，第二个可能性更大，码头会发生额外的费用，在剩余期限内这些费用的现值是2万美元，体现在清扫工作、拆除现有的建筑、税费等等。

不论是哪种情况，资产负债表上的房地产、工厂和设备的公允价值是7万美元。与5万美元的现金流现值差异反映了未来的经营成本不符合负债的定义，也没有影响到资产的价值。

## 3.2 第2阶段：评价估值的前提

下一个阶段是评估适用于整个概念框架的估值前提。有两个基本的前提：结合其他资产合并估值或是独立估值；在不同的前提下，估计相同的项目得到的金额是不同的。

### 3.2.1 合并

合并估值是建立在与其他资产和负债合在一起、资产得到了最高且最佳使用及实现了资产功能的基础上，并且继续以持续经营为基础。这一概念通常与一个实体、公司、报告单位或是现金产生单位相联系，并假定从事的是普通经营。它也适用于参与收入产生的资产组，假定它们是按一定目的配置的并为发挥功能处于活跃的使用状态。

### 3.2.2 独立

独立估值的概念以独立销售为基础；它是将资产与市场上合适的、可与之相比的资产情况相比较。

### 3.2.3 最高且最佳使用

选择的前提是以资产被市场参与者最高且最佳使用为基础，这可能与管理层的预期使用不同。例如，一家实体经营并计划继续经营一个房产来开饭店，然而如果市场参与者认为最高且最佳使用这处房产是作为一个停车场，那么将按后者建立公允价值。

最高且最佳使用的概念仅与实物和无形资产相联系，指的是能够向市场参与者提供最高价值，而且法律上允许、技术上可能、经济上可行。法律上允许的标准主要适用于不动产；技术上可能同时适用于不动产和经营活动，以及与水、气、电有关的项目；经济上可行指的是在预定使用时的预期回报。

### 3.2.4 抵销信贷风险

撇掉了金融资产正在使用的前提，为金融资产与负债一起构成组合时的估值带来了一些问题。2011 年 5 月趋同的准则包括了对金融资产和负债抵销市场或对手信贷风险的具体指引。它允许用净值衡量金融资产和负债的公允价值，它也适用于可能不被认定为金融资产或负债的衍生品。

例如，一个实体可以在利率风险上由一组资产和负债控制，这组资产或负债在不由市场风险控制的时候应用此指引。仅当这样的情况下可以使用指引：

- 实体依据记载的策略管理净敞口的具体风险的组合。
- 管理层接受的信息在净风险敞口的基础上。
- 净敞口的具体风险得到了一定的控制。
- 组合中的资产和负债在财务报表中以公允价值报告。

当满足这些条件时，准则要求实体在买卖价差范围内按照一定情况下最能代表整体组合的价格衡量一组资产和负债的公允价值。如果有一个合法的、可强制实施的权利以抵销对手的资产和负债（例如，一项净结算协议），需要调整净敞口以反映对手的信贷风险。

尽管在有限制的情况下，准则允许评估金融工具组合，核算单位仍然是单独的项目。存在的要求仍然适用，因此只有在满足现有的条件时才能使用扣除抵销的情况。当存在第一层级的输入时（见随后的第 5 阶段“公允价值层级”），是禁止使用净风险敞口对金融资产和负债进行估值的。

### 3.2.5　阻碍因素

通常，对于许多金融资产和一些实物资产，是可以取得活跃市场上相同项目的报价的，这些价格属于公允价值层级的第一级。在这种情况下，相应的公允价值必须由报价乘以数量来决定。GAAP 和 IFRS 禁止调整报价（阻碍因素）以反映与正常交易相关的头寸大小，尽管实践中这种调整经常发生。然而，准则允许市场参与者因考虑到无法控制或缺乏市场而控制溢价和折价。

### 3.2.6　股东权益

截止到2011 年，GAAP 和 IFRS 没有包含评估持有实体自身股票的股东权益的指引。趋同的准则要求这样的公允价值用市场参与者角度的脱手价格来代表，这些市场参与者将股份当做资产持有。

### 3.2.7　限制性资产

一些项目在出售和转移上有所限制。如果它们发生了折价，那么应该在公允价值上体现出折价，市场的参与者通常会如此要求。

**例子**

向一个非营利组织捐赠土地通常会有关于使用方面的合同限制。如果限制是不能以销售的形式合法转让，具体是指在现有的专区内，组织和其他拥有者可以按照自己的意愿任意使用这块土地。如果这些限制被市场参与者忽略，那么就不影响公允价值。如果它们需要被依法转移，那么就必须确定一个合适的、可能很大的折价。

### 3.2.8　防御性资产

防御性资产是指一项取得的资产，该资产通常是无形资产，对于这项资产实体没有计划付诸使用但意图持有（锁住）以避免其他方取得。有一个例子就是在一次企业合并中获得的交易名称买方既不打算使用也不打算出售。它不打算使用这个名字，但它希望能扩展自己现有的品牌，它也不打算卖掉这个名字，因为它不想让竞争者有机会取得。

在 ASC 第 820 号之前，多数评估师认为这样的公允价值评估需要考虑购买者意图。因为买方是要将防御性资产束之高阁而非赋予使用，一些人认为它一定没有任何价值，仅应将名义金额当做公允价值。趋同的准则清晰地阐述了基于最高且最佳使用原则，因此市场参与者在估计每项资产的公允价值时必须使用这一原则。最高且最佳使用对于市场参与者来说应该是使用这个名字而不是把它束之高阁，然而即使是将其放置不去使用，它的公允价值也不应该是名义上的金额，因为不让其他人使用它也是有一些利益可图的。

### 3.2.9 核算单位和估值前提的互动

即使在合并前提成立时，资产的公允价值也仍是以市场参与者会如何使用为基础的（能够反映所有的具体事实和情况）、面向市场的计量方法。如果标的资产是一起使用的，那么合并前提甚至对一个单独的核算单位也适用，例如一个报告单位或现金产生单位。这一前提也适用于把许多核算单位联合起来。一旦决定退出市场，针对每一个估值前提的市场参与者假设就会发展成它与选定的市场交互为基础。

核算单位代表了被估值的项目。GAAP 和 IFRS 均具体指定了合适的主体，它代表了在参考市场中实体能够合理取得的、最有利的交易价格。因此，从市场参与者角度看，单独的主体应该能达到最高且最佳使用，并能反映实体获得相关市场。一个单独的核算单位也许只包含在一个分组中。一旦建立了合适的市场，管理层应该考虑哪一种合并能够带来最高的价值。最有利交换价格的概念是在假定理性市场行为下市场参与者作为买卖双方自愿地达到一个商定好的市场出清价格。至于相关市场的选择在第 3 阶段和第 4 阶段介绍。

分解决定了每一部分单独销售时核算单位的公允价值，这适用于如果销售能够达到金额最大化并且实体有机会进入相关市场。然而，在这个基础上估计公允价值一定要注意。只有当有很确凿的证据证明市场参与者将分解出售以获得回报最大化时，才能够认为分解是最高且最佳使用。如果一项资产如汽车，通常按照小于核算单位整体的零部件来出售（公司在某个地方的经营点），实体也许认为市场上出售的零件可以当做公允价值的一个指示。每项资产都必须以它当前的状态估值，任何转换成本或增加价值的活动，诸如部分更新或替换的费用都要减去。当同时运用集成和分解的概念时，关键要确定不论是在什么情况下，最终价值主要是与核算单位相关还是并非如此，甚至是否与部分相关。

建立一项资产的最高且最佳使用是确定潜在市场的一部分。在潜在市场中，可以出售资产并且决定合适的估值前提是建立在合并的基础上还是在单独的基础上。

**例子：个人抵押账户**

互助银行正在估计不同抵押贷款组合的公允价值。它能够取得抵押贷款和证券化的贷款市场。以往来看，银行已经通过资产证券化出售了许多抵押品。管理层认为出售单独的抵押品（主要面向机构投资者）不是它的主要市场。单独抵押品的组合通常通过出售给信托公司的方式打包并转化成证券，接下来通过发布收益权说明书发行给投资者。这些有价证券通常被分类，这将安全性提高到更高水平。一家能够取得证券化市场的银行应该考虑为它的单独抵押品建立最为有利的市场。

然而，证券化涉及的成本及其影响的估计都必须从核算单位（单独的抵押品）的金额中减去，因为公允价值与其包含的实际资产相关而不与实际资产变成什么相关。根据具体的事实和情况，将计划的活动和成本纳入假设通常是合理的，它允许逆向操作从一个期望的结果计算出市场价格的估计值。

## 3.3 第3阶段：评估主要市场

从实体的角度出发，公允价值的定义是假定交易发生在资产或负债的主要市场里，或当没有主要市场时发生在最有利的市场中。主要市场是指它主导了最大的交易量或最高的活跃度。如果不存在相反的证据，通常实体进入交易的市场被假定为主要市场。如果不存在主要市场，就一定要找到一个最有利的市场。同一个集团的不同实体也许对同一个资产或负债有不同的主要市场，这取决于它们的位置及它们能够取得哪个市场。在决定主要市场时不需考虑限制转移的资产或负债。

首先，需要考虑几种市场类型。评估时不论估值输入能否可观察，管理层需要考虑的市场特点包括：

• 外汇市场。真实交易中得到的收盘价既是可获得的又是有代表性的公允价值。

• 交易商市场。公司已经准备好资产进行交易，他们持有相关资产的库存，因此具有流动性。一般来说，买入和卖出价比收盘价更容易得到；这样的市场对金融工具、商品、材料及选定的资本资产（汽车和一些设备）来说很平常。

• 代理市场。参与者积极地将买方与没有做好交易准备的卖方组织到一起，最常见的例子就是不动产。为了得到代理商的报价，实体需要了解市场信息来得到报价。

• 主要市场。交易（包括初次交易和再次交易）均由买方和卖方独立协商，这里是没有中间商的。这些交易信息很少能被取得。

如果实体对某项资产有主要市场，它可以加快第3阶段和第4阶段。否则，在确定潜在市场、它们的参与者和估值前提之后，管理层必须检查合适的估值指标来确定哪些是能得到的。确定一项资产的公允价值可能包括：估计在所有者能够取得的不同潜在市场上，资产能够售出的金额；还有分别在合并和独立交易的前提下资产能够售出的金额。

如果一个实体定期地在单一市场买入或卖出某项资产，那么这就是它的主要市场；如果在几个市场上交易，那么主要市场就是那个有主要销量的市场。在绝大多数情况下，主要市场也是最有利的市场。管理层不必为持续计算资产价格而估计最有利的市场，但是当存在主要市场时，实体不能把最有利市场纳入公允价值的计量中。

## 3.4 第4阶段：建立最有利市场

如果实体对某项资产没有主要市场，就应该在参与者最高且最佳使用的基础上，评估所有可获得的潜在市场，建立最有利的市场。通常存在不止一个潜在的退出市场，几种可能的用途以及众多参与者。然而，管理层不需要为最有利价格搜寻所有的潜在市场，也不需要为取得市场参与者采纳的假设而不遗余力地搜索所有相关的资料。他们仅需要利用合理的、能够获得的信息来组成市场参与者的一个剖面。

当获得了估值前提后，管理层应该在资产的性质、历史和市场信息及其他相关信息的基础上，考虑一些可以被识别出的市场参与者会如何使用这项资产的真实场景。在确定了潜在市场后，实体要粗略地估计每个市场中这项资产的金额。最有利市场是指扣除交易成本后，资产取得的收入最高或转移负债支付的支出最低。

### 3.4.1 有序交易

有序交易是假定在计量日之前的一段时间内向市场进行披露，以保证与涉及这些资产或负债的交易相关的市场活动是普遍且常规的。一个廉价的急售不是有序交易，一个被迫的出售也不是有序交易。没有一项标准规定披露多久才称得上有序。通常来说，这个期间持续的时间越长，交易越可能是有序的。然而，在决定披露是否充分时，必须将交易性质和涉及的市场纳入考虑中。一只畅销股票仅需要为其销售公示数小时就可以算作是有序。相反，一栋有特殊功能的建筑如冷藏库也许至少要几个月才能被认为是有序的。

虽然廉价急售不属于有序交易，但并不代表廉价市场上的每一次交易都不是有序的；究竟是不是有序交易有待于对所有相关的事实和情况做出考虑与判断。2008 年和 2009 年，一些市场上许多证券的价格和交易量大幅下跌（或剧烈波动）。此时，这些市场上的交易是有序的还是廉价急售就让人疑惑了。

总体来说，如果有下列情况，交易不是有序的：

- 没有充分披露，以至于“普遍并且常规”的交易活动没有发生。
- 销售期内，卖方仅通知了一小部分市场参与者。
- 卖方已经申请破产，已经被接管、快要破产或被接管。
- 监管者或法律要求强制卖方达成交易。
- 变卖的价格落在了同期相同或相似项目的正常交易范围之外。

考虑到“信息应该是合适的，不含不必要的精力和成本”，不一定要对列表中的每一种情况都根据证据的权重得出一个结论；评估师不必承担过度的信息搜集工作（见表 3—1）。

表 3—1 **根据证据得出结论的效果**

| 结论 | 对公允价值的影响 |
|---|---|
| 交易不是有序的 | 几乎或完全不用考虑信息 |
| 交易是有序的 | 信息必须予以考虑，信息的重要程度取决于交易规模的大小、涉及项目的可比程度以及销售距离估值日的接近程度 |
| 证据不足以判断 | 应该考虑信息但不应该像有序交易一样赋予相同权重的考虑 |

重要的是，要注意公允价值估计的过程可能需要建立一个市场风险溢价来弥补投资者因为预计资产或负债产生现金流的固有不确定性。一些市场风险溢价也许与违约和流动性有关。交易信息可能为适当溢价提供信息。

### 3.4.2 市场选择

当存在不止一项交易时，主要市场或最有利市场从实体角度确定考虑到了不同核算单位间的区别。实体内不同的报告单位或现金产生单位可能在不同的市场上交易，也许是市场的地理位置不同。每一项单位必须单独考虑它的主要市场或是最有利市场中，因为不是所有的项目都能在同一个网点交换。不同的市场有不同的参与者，也许会为同一个项目出不同的价格。

已知市场是指不能取得的市场，例如在其他国家的市场，可能要考虑为一个假定市场来建立输入，即使它们既不被认作是主要市场也不是最有利市场。一个单独的实体也许会对同样的或是相似的资产有几个公允价值，这取决于单位的性质和位置以及能够出售单位的市场。每一个单位都必须考虑不同的事实和情况，再根据框架估值，不论持有的另一个单位是不是同样的或是相似的项目。

相关市场上的价格不会因为交易费用而调整，因为交易费用代表的是因为交易而增加的费用，根据其性质会有所不同。它们只有在选择最有利市场时才会被考虑。当位置是资产的一个特征时，例如存货或设备，公允价值包括了运输成本，因为移动这些项目是销售过程的一部分。

**例子**

Ascendo公司认定生产设备的某些项目受损。要价的金额取决于项目的公允价值。认定的项目在3个市场销售：零售市场、批发市场、拍卖市场。没有主要市场，因为Ascendo公司不经常出售设备。由于没有主要市场，公允价值取决于最有利市场，即产生最高净收益的市场。

| 市场 | 零售市场 | 批发市场 | 拍卖市场 |
|---|---|---|---|
| 销售价格 | $ 10 000 | $ 9 700 | $ 9 500 |
| 运输成本 | (200) | (300) | (150) |
| 公允价值 | $ 9 800 | $ 9 400 | $ 9 350 |
| 交易成本 | (500) | — | (200) |
| 净收益 | $ 9 300 | $ 9 400 | $ 9 150 |

由于批发市场给出的净收益最大，因而它决定了公允价值是9 400美元，尽管零售市场在交易成本之前的金额更高（9 800美元）。即使没有法律或合同限制进入这个为项目出价最高的市场，销售费用也不能使其成为适当的参考。

## 3.5 第5阶段：选择合适的估值方法

准则没有规定哪一种估值技术适用于公允价值计量，也没有规定它们的优先级，除了在活跃市场更偏爱实际价格外。公认估值途径——市场途径、收益途径或成本途径下的许多估算方法都可能有用，每种方法都会在后面的章节中涉及。所有方法都应该予以考虑，应该在不同的情况下使用适合的方法。基于市场参与者假设以及相对可靠性，选择可能受到相关输入的可获得性的影响。

当调节各种金额时，时常一种方法能提供最贴近公允价值的参考值，而其他方法可能由于信息限制或资产类型而不适用。在绝大多数情况下，尽管是基于假设的选择，有不只一种方法适用，其中一些结果也不能同等地代表公允价值。如果使用不同的方法，管理层必须将结果赋以权重以获得一个可能的结论范围。在特定情况下，公允价值是在一定范围内最具代表性的一点。

对特定类型的资产采用的技术必须保持一致性。然而，当事实和情况发生改变、有更好的方法可以代表公允价值时，是可以改变方法或是方法的应用的。为了反映当时的情况，在多种方法中，一种方法的权重可以随时间发生改变。由于新市场的发展、额外信息的取得以及估值方法的改进，其他改变也可能被认可。修正公允价值包括采用的估值技术变更或是估值技术应用的改变被认为是会计估计变更，影响了当前及将来的报告期间。

### 3.5.1 市场途径

市场途径，是以替代原则为基础，利用与待估值项目相似的资产和证券的交易信息。由此形成市场派生乘数，其被应用于决定实际资产的价值。在评估金融资产时，通常应该考虑该途径下的方法，因为绝大多数这些项目存在市场。该方法也对多数不动产、机器和设备的估值适用。

市场途径的一个变体——提成法（relief-from-royalty method），通常应用于无形资产评估。当使用该方法时，评估师要含蓄地询问管理层：“如果贵公司没能拥有一项对生意有利的资产，贵公司愿意为获取这项资产的使用权支付多少销售额比例?”检查在大的、不断流动许可的市场中报告的交易，通常能提供一个适当水平的合理参考。这种方法是建立在资产价值能够用一家公司无此项资产时为获得其使用许可向第三方支付的使用费来衡量的原则上。一个搜集并组织类似许可交易的数据库对于评估知识产权是十分关键的工具。在美国，若干个收费机构提供这类信息。

### 3.5.2 成本（基于资产的）途径

成本途径，是以选择原则为基础，假设有一个理想的替代资产，或者能够完全复制或者是有相同的功能和用途。3种常见的类型有复制（再生产）成本、重置成本和创造成本。

该途径适用于资本密集型企业，或者是那些要破产的企业。实际上，成本途径适用于实物资产和少数无形资产，如电脑软件。因为通过这些项目通常可能得到进入市场的时间或取得客户满意的平均时间，并估计出重置项目的费用。在这样的情况下，是“创建还是购买”的决策就能应用于决定公允价值中。

### 3.5.3 收益途径

收益途径是以未来收益原则为基础，应用得最为广泛。以市场为基础的估值经常由于缺乏可利用的信息而无法被应用，以成本为基础的估值不适用往往是因为经济价值一般与复制成本、重置成本或创造成本无关。许多以收益为基础的方法被广泛采用，包括当前净收益资本化法、当前净现金流资本化法和未来现金流折现法。一些评估师认为提成（relief-from-royalty）法也是收益途径的一部分。它们都追求相同的目标：某个项目能够归属于所有者收益（现金流或盈利）的现值。

### 3.5.4 公允价值层级

为增加一致性和可比性，框架为输入一假设、风险评估和市场参与者用以价格决策的相应信息建立了3个公允价值层级。它区分了市场上直接可观察的输入（更加客观）和不可观察的输入（更加主观）：

第一层级：可观察的、在活跃市场有相同项目的报价（未调整）。

第二层级：活跃市场类似项目有报价或非活跃市场相同或类似项目有报价；直接观察或间接观察主要输入的价格模型的结果；其他来源于可观察市场的信息。

第三层级：不可观察的、以市场参与者角度选取的输入（包括实体自身信息）。

估值技术通常包括几个层级的输入，结论的等级由重要输入的最低层级决定。因为某些披露仅对第三层级的输入作出要求，因此谨慎确定价值的结论等级是很重要的。

***实用的权宜之计***

框架为许多在活跃市场中有报价但是不易取得的相似资产（如债务证券）的估值提供了一个实用策略。它允许用替代方法进行估值，前提是实体能够证明该方法合理地反映了实际价值。

***可观察的、以市场为基础的输入***

不论采用哪种途径，衡量公允价值的方法都应该尽可能选用可观察的、以市场为基础的输入。输入包括报价、波动率指标、具体而又广泛的信贷数据、流动性统计和其他对公允价值有显著影响的因素。确定可观察的市场数据需要合理的判断，可观察数据包括有充分流动性和活跃性的交易所或交易市场（例如香港、伦敦、纳斯达克、纽约或上海证券交易所；芝加哥、纽约或东京商品交易所）上的价格或报价，以及与资产有逻辑上、经济上关联的并且高度相关的代理市场信息。做判断必须要考虑到证据的强度。

可以观察的信息是：

- 不是专有信息。外部来源的信息能够为相关市场的参与者/产品部门获得并作为交易或证实报价的基础使用。
- 容易获得。市场参与者能够通过支付一定合理的费用获取信息。
- 定期发布。信息可以在价格决策中及时获得。证实信息发布的间隔没有变化是很重要的，否则信息就不那么有意义了。
- 可以从多个信息来源取得。信息应该能从不止一个独立的渠道获得，例如经纪人的报价和金融工具的定价服务。
- 透明的。提供或发布信息的来源以及他们在特定产品/市场的角色是可以信赖的。
- 可验证的。信息使用者可以验证信息提供者提供的信息。

以市场为基础的信息是：

- 可靠的。它反映了实际市场的输入并受到时期的检验和控制。实体应该在使用信息估值前持续测试与检查信息来源的可靠性。
- 以一致性为基础。从不同渠道获得的信息应该可比，能够互相印证，相互间的差异应该在合理的范围内。
- 从活跃的信息来源得到。信息应该在相关项目的适用市场中由活跃地交易产生。
- 有实际交易的支持。尽管信息不是由一个交易直接生成，但是还是应该能归纳出信息是由真实交易或正式交易中使用的价格得出的。

即使输入以可观察的信息为基础，应用输入的模型也必须在持续的基础上对它们进行重新检查与评估。很显然地，可得的输入可能影响估值技术的选择。当第一层级的输入是可以获得的，那么市场法无疑能比收益法更好地计算公允价值。

**期后事项**

公允价值只是反映某个具体日期的事实与情况，以及在这之前发生的能够在该具体日期合理预期的事件。有时可能在闭市以后、计量日之前发生重大事件，比如在周末发生。但是，与此相关的后续市场价格可能由于缺少参与者而没有代表性。识别并包含这些影响公允价值事件的政策应该保持一致。如果实体调整了报价，那么计量的层级是第二层级。

## 3.6　第6阶段：评估公允价值的结论

市场确定的过程以及应用合适的估值方法的结果是得到公允价值。当结论应用到一个资产组合时是“合并估值”，总数应按照具体的事实和情况分配到每一个项目中。

由于大多数估值技术得到的公允价值区间范围可能是相对比较大的——通常是±5%，但有的情况下是±10%。因此，公允价值一般是四舍五入的，并且通常是数千美元（除非是名义的），有5 000美元或是更大数额，如1%的舍入。例如，一个现金产生单位在收益途径下的公允价值是3 231 000美元，在应用时会被四舍五入成3 225 000美元或3 250 000美元。

分配购买价格时总数的分配必须符合实际，评估师为每一项资产类别建立一个范围并与管理层一道在这个区间内为每个项目选择最恰当的金额，通常这是很有用的。表3—2给出了一个例子。出于报告目的，整合人力资源被当做是商誉的一部分。

表3—2　　Ascendo公司的公允价值资产负债表（2011年6月30日）

| | 方法 | 低 | 高 |
|---|---|---|---|
| 资产 | | （美元） | （美元） |
| 现在的 | | | |
| 现金 | 成本法 | 20 614 | 20 614 |
| 应收账款 | 收益法 | 1 364 000 | 1 391 000 |
| 存货 | 成本法 | 234 000 | 239 000 |
| 预付账款 | 成本法 | 13 640 | 13 640 |
| | | 1 632 254 | 1 664 254 |
| 实物资产 | | | |
| 土地 | 市场法 | 265 000 | 275 000 |
| 建筑 | 市场法 | 1 335 000 | 1 375 000 |
| 工厂 | 成本法 | 640 000 | 650 000 |
| 设备 | 成本法 | 135 000 | 140 000 |
| 车辆 | 市场法 | 95 000 | 100 000 |
| | | 2 470 000 | 2 540 000 |
| 无形资产 | | | |
| 技术 | 收益法 | 170 000 | 190 000 |

续表

| | 方法 | 低 | 高 |
|---|---|---|---|
| 客户关系 | 收益法 | 375 000 | 415 000 |
| 商标（名称） | 收益法 | 210 000 | 235 000 |
| 组装劳动力 | 收益法 | 155 000 | 170 000 |
| | | 910 000 | 1 010 000 |
| 商誉 | 剩余 | 183 879 | 36 879 |
| | | 5 196 133 | 5 251 133 |
| 负债 | | | |
| 银行透支 | | 170 210 | 170 210 |
| 应付账款及利息 | | 865 923 | 865 923 |
| 抵押 | 收益法 | 635 000 | 665 000 |
| | | 1 671 133 | 1 701 133 |
| 公允价值 | | 3 525 000 | 3 550 000 |

# 第 4 章 掌控未来

沿着正确的方向，即使面临改变，你也不会犯错。

——Winston Spencer Churchill（1874—1965），英国政治家

第 3 章讲述了确定公允价值金额的概念框架，与其他价值类型一样，公允价值也是以未来的预期为基础。本章的内容将涉及公司管理层的行为，即他们应该做什么来掌控公司的未来。要做到这一点，管理层就需要对公司的预算、预测和计划进行合理的估计以呈现给公司的员工、董事、分析师以及投资者。由于公允价值是基于市场参与者的预期而非管理层的预期，所以预算、预测以及计划的金额并不是公允价值。许多实务工作者通常把预算作为当期的基准，然后在可能的情况下对照可比的分析师报告。这一做法可能导致企业的增长率反映的是整个行业的均值，而非对公司过去走势的一个延续。

当市场发生变化时，与公司管理层的反应相比，市场参与者的表现要么过于悲观，要么过于乐观。悲观时，他们会预期更长的投资回收期、更多的投资额以及更低的回报率；乐观时，他们的支付会超过增长的溢价。

市盈率与增长率之比（PEG）是分析师常用的一种测量方法。如果一个企业以最近 12 个月（LTM）的报告利润为基础确定的市盈率为 12. 5，同时预期全年的利润增长率为 7. 5%，那么市盈率与增长率之比为 1. 67（12. 5/7. 5）。通常情况下，低于数值 2 的比率都被认为是合理的。如果利润增长率达到 12%，同时市盈率上涨到 20%（假定资本化率为 5%），则比值依然为 1. 67。如果利润增长率下降至 4. 5%，而市盈率依旧维持在 12. 5，那么市盈率与增长率之比就会达到 2. 77。在投资者狂热的时期，市盈率与增长率之比曾高达 5. 5，有时甚至更高。在比值如此高的情况下，利润只要维持在 4. 5% 的年度增长率，就会导致市盈率与增长率之比上涨至 25 倍（此时资本化率只有 4%）。

## 4. 1 定义

大部分读者都了解预算、经营计划，同时一些人也应该熟悉公司预测和规划，这些知识将有助于我们对上述 4 者进行定义。由于这些概念都涉及预期的财务信息，因此会计师和评估师使用的资料名称都是指向未来而非过去。

### 4.1.1 预算

预算是一个企业的财务计划，通常按时间长短和详细程度分类。从时间长短角度看，预算期通常为一个月，正常不会超过一年；从详细程度看，预算主体从下至上依次可以是经营单位、分支机构和部门。预算经常要结合企业的总分类账，这样便于预算数与实际发生数之间的比较。

### 4.1.2 经营计划

经营计划是一份正式的声明，它涵盖了企业的经营目标、财务目标以及实现这些目标的原因、可获得的必要资源（财务资源、人力资源和实物资源）和具体手段。与预算相比，计划的过程要对企业的未来考虑的更长远，通常会长达3~5年，以便允许管理层考虑备择策略。在大多数情况下，审视企业3个方面（现有经营、新兴的经营活动和未来的机会）的前景与形成书面文件一样重要。

从公允价值的角度看，企业有必要分离上述3个方面，并从现有经营中把存在的与其他两个层面相关的所有收入和成本移除。新兴的经营活动包括企业内部创建新的公司、推出新的生产线、进入新的市场以及开始的新活动未达到稳定状态的任何情形。未来的机会则表示仍处于研发阶段、尚未完成市场检验的活动。

### 4.1.3 预测

财务预测包括一系列的预期财务报告，它依据编制者的知识和经验，预测企业在未来一段时期内的财务状况、经营成果和现金流量。通常情况下，在预测期的前两年，企业要按季度进行预测；从预测期的第3年开始，预测均要按年进行。财务预测建立在近期可获得的历史数据之上，同时也要考虑到编制者（通常为管理层）对企业预期状况的看法和准备实施的对策。预测者通常只估计一个具体的数值，但有时也会给出一个变动的范围。

### 4.1.4 规划

财务规划包括一系列的预期财务报告，列示了企业的财务状况、经营成果和现金流量状况。但是它不依据管理层预期，而是基于最有可能发生的状况。

当企业应用情景分析时，大部分的预期财务信息会以规划的形式呈现，这些我们会在本章随后进行讨论。由于公允价值是基于市场参与者预期而非管理层预期，因此使用的数据常常是规划数据而非预测数据，尽管在早期管理层采用的规划数据也许与预算或经营计划的数据相同。所以企业在进行情况假设分析时，通常会应用财务规划。

## 4.2 市场参与者假设的影响

在预测企业的销售增长和边际提高时，我们选择市场参与者预期假设而非管理层预期假设，这一做法对估值有着重大影响。为说明这一点，我们以Panther公司为例来比较这两种不同的观点。表4—1列示了基于管理层对企业未来状况和预期行为假设的简化财务预测，同时在2011年时也考虑了与董事会相关的假设。

表4—1 **Panther 公司财务预测——基于管理层预期** 单位：百万美元

| | 2010年<br>实际数 | 2011年<br>预测数 | 2012年<br>预测数 | 2013年<br>预测数 | 2014年<br>预测数 | 2015年<br>预测数 |
|---|---|---|---|---|---|---|
| 销售收入 | 522.4 | 556.4 | 592.5 | 631.0 | 672.1 | 715.7 |
| 销售收入增长率 | 5.8% | 6.5% | 6.5% | 6.5% | 6.5% | 6.5% |
| 税前利润 | 37.613 | 42.839 | 48.587 | 54.900 | 61.829 | 65.847 |
| 边际利润率 | 7.2% | 7.7% | 8.2% | 8.7% | 9.2% | 9.2% |
| 所得税（税率33%） | (12.412) | (14.137) | (16.034) | (18.117) | (20.403) | (21.730) |
| 净利润 | 25.201 | 28.702 | 32.553 | 36.783 | 41.425 | 44.118 |
| 净利润增长率 | | 13.9% | 13.4% | 13.0% | 12.6% | 6.5% |
| 净利润 | 25.201 | 28.702 | 32.553 | 36.783 | 41.425 | 44.118 |
| 折旧（折旧率3.4%） | 17.762 | 18.916 | 20.146 | 21.455 | 22.850 | 24.335 |
| 资本性支出 | (26.000) | (10.000) | (24.000) | (18.000) | (22.000) | (25.000) |
| 营运资本（比率12.6%） | (3.604) | (4.278) | (4.557) | (4.853) | (5.168) | (5.504) |
| 现金流量 | 13.359 | 33.340 | 24.142 | 35.385 | 37.107 | 37.949 |
| 现金流量增长率 | | 149.6% | -27.6% | 46.6% | 4.9% | 2.3% |

然而，市场参与者并不完全同意管理层的上述预测结果。一项调查研究显示，在未来的5年里，行业的年度增长率只有5.3%，其中包含3%的实际增长率和2.3%的通货膨胀率。尽管边际利润率的大幅度提高是可能发生的，但是未来3年里的年度基点也只能达到30，并不是管理层预期未来4年达到的50个基点。运用市场参与者假设的预测结果表明企业未来的发展不错，但是达不到出色，具体见表4—2。

表 4—2　Panther 公司财务预测——基于市场参与者预期　单位：百万美元

| | 2010 年实际数 | 2011 年预测数 | 2012 年预测数 | 2013 年预测数 | 2014 年预测数 | 2015 年预测数 |
|---|---|---|---|---|---|---|
| 销售收入 | 522.4 | 550.1 | 579.2 | 609.9 | 642.3 | 676.3 |
| 销售收入增长率 | | 5.3% | 5.3% | 5.3% | 5.3% | 5.3% |
| 税前利润 | 37.613 | 41.257 | 45.181 | 49.405 | 53.951 | 56.810 |
| 边际利润率 | 7.2% | 7.5% | 7.8% | 8.1% | 8.4% | 8.4% |
| 所得税（税率 33%） | (12.412) | (13.615) | (14.910) | (16.304) | (17.804) | (18.747) |
| 净利润 | 25.201 | 27.642 | 30.271 | 33.102 | 36.147 | 38.063 |
| 净利润增长率 | | 9.7% | 9.5% | 9.3% | 9.2% | 5.3% |
| 净利润 | 25.201 | 27.642 | 30.271 | 33.102 | 36.147 | 38.063 |
| 折旧（折旧率 3.4%） | 17.762 | 18.703 | 19.694 | 20.738 | 21.837 | 22.994 |
| 资本性支出 | (26.000) | (10.000) | (24.000) | (18.000) | (22.000) | (22.000) |
| 营运资本（比率 12.6%） | (3.604) | (3.489) | (3.673) | (3.868) | (4.073) | (4.289) |
| 现金流量 | 13.359 | 32.856 | 22.292 | 31.971 | 31.911 | 34.768 |
| 现金流量增长率 | | 146.0% | -32.2% | 43.4% | -0.2% | 9.0% |

市场参与者预期在 5 年以后，销售收入会下降 5.5%，净利润会下降 13.7%，现金流量也会下降 8.4%。在公司价值方面，冲击可能会更大。如果行业的市盈率为 13.2（相当于资本化率为 7.6%），预期未来利润的长期增长率为 5.3%，那么隐含的行业折现率就为 12.9%（7.6% +5.3%）。企业管理层和市场参与者都假设在未来的 6 年里（1 年实际发生数及 5 年预测数）企业的资本支出等于折旧，其中折旧率保持在销售收入的 3.4%；同时每年营运资本的数值则为预期销售增长额的 12.6%（具体见表 4—3 和表 4—4）。

表 4—3　Panther 公司现金流折现（DCF）价值——基于管理层预期　单位：百万美元

| | | 2010 年 | 2011 年 | 2012 年 | 2013 年 | 2014 年 | 2015 年 |
|---|---|---|---|---|---|---|---|
| 现金流 | | 13.359 | 33.340 | 24.142 | 35.385 | 37.107 | 37.949 |
| 综合影响因素 | 12.9% | | 1.0645 | 1.2018 | 1.3569 | 1.5319 | 1.7295 |
| 现值 | | | 31.320 | 20.088 | 26.079 | 24.223 | 21.942 |
| 净利润 | | | | | | | 44.118 |
| 折旧率 | 12.9% | | | | | | |
| 增长率 | -6.5% | | | | | | |
| 资本化率 | 6.4% | | | | | | |
| 资本化的净利润 | | | | | | | 689.341 |
| 综合影响因素 | | | | | | | 1.7295 |
| 现值　123.652 | | | 终值　398.577 | | 内在价值　522.229 | | |

表4—4　　Panther公司现金流折现价值——基于市场参与者预期　　单位：百万美元

| | | 2010年 | 2011年 | 2012年 | 2013年 | 2014年 | 2015年 |
|---|---|---|---|---|---|---|---|
| 现金流 | | 13.359 | 32.856 | 22.292 | 31.971 | 31.911 | 34.768 |
| 综合影响因素 | 12.9% | | 1.0645 | 1.2018 | 1.3569 | 1.5319 | 1.7295 |
| 现值 | | | 30.865 | 18.548 | 23.563 | 20.831 | 20.103 |
| 净利润 | | | | | | | 38.063 |
| 折旧率 | 12.9% | | | | | | |
| 增长率 | -5.3% | | | | | | |
| 资本化率 | 7.6% | | | | | | |
| 资本化的净利润 | | | | | | | 500.824 |
| 综合影响因素 | | | | | | | 1.7295 |
| 现值　113.911 | | | 终值　289.577 | | 内在价值　403.488 | | |

根据上表可知，管理层预期企业的内在价值为522 229 000美元，而市场参与者估计的公允价值则为403 448 000美元，产生了23%的差异，具体见表4—5。

表4—5　　现金流折现价值比较　　单位：百万美元

| 假设 | 现值 | 终值 | 内在价值/公允价值 |
|---|---|---|---|
| 管理层 | 123.652 | 398.577 | 522.229 |
| 市场参与者 | 113.911 | 289.577 | 403.488 |
| 降低比率 | -7.9% | -27.3% | -22.7% |

## 4.3　情景分析

市场参与者需要考虑的另一过程就是情景分析。与以往相比，现如今以企业过去的走势来预测未来并不是一个好的选择。当今世界不再是松散地联系在一起，也不再能够合理地预测经济上的关系，它变成一个相互连通的网络，任何地方事件的全球性影响在瞬间就会被其他地方感知。面对不确定性，情景分析被许多组织广泛运用。情景分析是企业掌控未来的一种方式，它结合了管理层或者市场参与者对影响企业未来的各种力量的了解与分析，其中能够对企业未来产生影响的力量包括：地理位置、全球化、技术变革和环境的可持续性。虽然情景分析产生于战略决策中，但是许多企业已经把这项技术运用于经营过程中，以此来评估不同选择可能产生的结果。

所有的情景分析都遵循相同的基本方法，这一方法主要是回答4个问题：将来会发生什么？对企业会产生什么样的影响？我们应该如何应对？这一事件发生的可能性是多少？图4.1展示了这一过程的6个阶段。

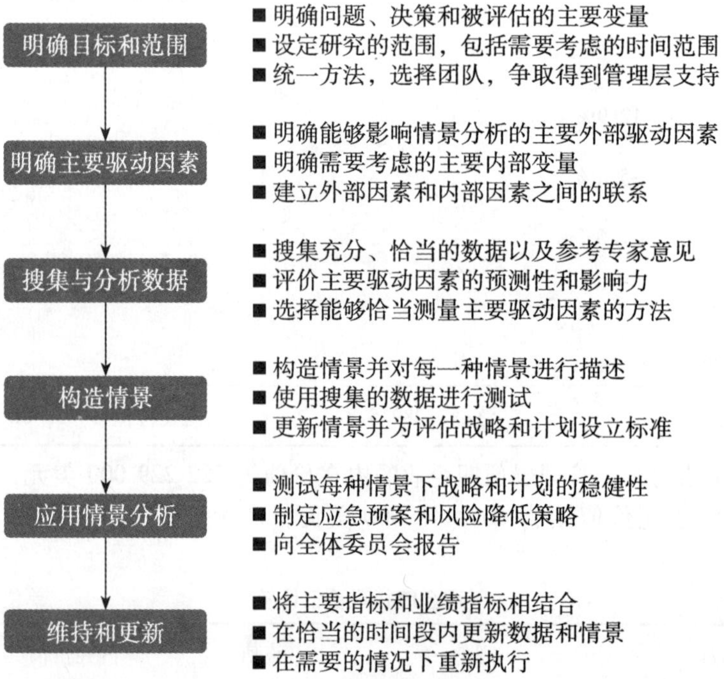


**图4.1　情景计划过程**

资料来源：Management Accounting Guideline，*Scenario Planning*：*Plotting a Course through an Uncertain World*（AICPA，CMA Canada，and CIMA，2010）.

在着手开始情景分析前，有必要弄清楚市场参与者想要表达的内容、他们（并不只包括管理层）对未来不确定性的预期以及情景分析的范围和时间安排。在此过程中，通常要考虑以下4个因素：

1. 社会因素：例如，高失业率。
2. 经济因素：每桶石油上涨到150美元时产生的影响。
3. 政治因素：中东暴乱。
4. 技术因素：智能手机和大众传媒应用所带来的变革。

当企业的管理层就涉及的所有问题达成一致意见并且明确了范围和时间之后，这时候就需要管理层将上述内容以文件形式记录，并将确定的部分与市场参与者的意见相比较。通常情况下，企业需要审视自身的优势、劣势、机会和威胁

（SWOT 分析）。如果能够得到恰当地运用，情景分析能够提供未来将如何的宝贵建议，由此让企业更快、更敏捷、更自信地应对未来。

编制财务预测情景分析的主要目的在于尽可能地识别出企业未来可能出现的结果的一个范围，并非单纯地显示对未来假想的确定性。出于估值的目的，值得推荐的是第一芝加哥法（the first Chicago method）。它构造了 3 种情景：成功（管理层最可能的观点）、艰难生存（较差的业绩，考虑了市场参与者可能的观点），以及维持现状（按照现有的状况继续经营，很可能在失败边缘）。

准备情景分析的财务预测需要：

- 分析可选择的策略涉及的财务费用问题（因为我不懂什么是财务含义……）。
- 检验主要假设、财务测量方法和变量的稳健性。
- 构建供选择的其他财务计划和财务预测。
- 明确能够检验潜在驱动因素的业绩衡量和主要指标。
- 监督和报告可能对当前战略及规划战略产生影响的内部和外部因素。

具体的规划能否准确只是事实的一部分——如同一句俗语所说，损坏的钟表一天里也可能有两次是准确的，规划的任务无非是描绘出可能的结果以及与此相关的不确定性。在一个行动能够对未来产生重大影响的世界里，伴随着不确定性的有可能是机遇。对于所有的情景分析而言，财务规划都应该有清晰的、站得住脚的逻辑支持，情景分析的使用者必须要充分了解对规划的质量和独立评估的整个过程，同时也要清楚每种情景面临的风险和机遇。一个明智的消费者并不是一个忠诚的支持者，而是一个参与者和评论者。每一个决策者最终都必须依赖自我的直觉和自身的判断。

有效、准备充分的情景分析将有助于缩小需要采取行动的领域，同时也应该：

- 提供必要的情景。
- 披露被忽略的可能性。
- 提供未被检验的隐含假设。

## 4.4　情景暗示

情景分析计划并不仅仅是一次性的行为。假设在分析完成之后的 6 个月里，石油的价格上涨到每桶 200 美元，20 国集团（G20）对未来 5 年内的二氧化碳排放量增加了严格的限制，面临这些境况企业应该如何应对？表 4—6 显示了企业必须对自身的计划进行修订，并且把精力集中在两个情景上："生死攸关"和"运营成本"。进行了更加具体的建模后，企业就需要寻找解决方案使得收益指标超过要求的最低值，同时还要保证价格的合理性。一个良好的情景要求能够给出快捷和确定的决策，为评估变化的市场状况的影响提供良好的基础。

表4—6　　　　　　　　　　　　**4种情景的比较**

| | 生死攸关 | 竞争性优势 | 运营成本 | 维持现有经营 |
|---|---|---|---|---|
| 创新方法 | 不能只达到最低值，必须做到最好并取得胜利 | 具有创新性的领导能力会产生价值 | 必须达到标准，存在任何优势都可能成为领头羊 | 集中精力选择有强烈需求的领域 |
| 市场战略 | 要么选择最安全的方案，要么选择最好的方案 | 必须成为领导者 | 合伙人与创建者必须保证企业的市场份额 | 在选择的领域里做最大化的第一位 |
| 市场目标 | 制定高的目标 | 获得份额 | 成为优先的供应商 | 在选择的领域里建立份额 |
| 财务目标 | 获得高的利润边际 | 集中于规模和大小 | 成为低成本的制造商 | 在长时间里获得中等水平的增长率 |

企业有必要经常审视自身的实际经营成果和规划的经营成果，这样管理层才能迅速地应对能够对经营成果产生影响的市场变动。由于企业一直积极地面对持续增长的不确定性，因此情景分析有助于我们了解不确定带给我们的选择、机遇和暗示。

### 4.4.1　未来

越来越多的企业要么进行常规的财务预算，要么改进传统的预算方法，进行滚动预算、弹性预算和事件驱动计划。在不稳定的全球经济中，使用19世纪的工具来管理21世纪的企业显然行不通。

2010年，埃森哲咨询公司调查了273家公司的计划完成能力。结果显示，只有11%的公司完成全部计划，相比之下，2008年有17%的公司完成全部计划、2000年有20%的公司完成全部计划。造成这一结果的主要原因在于经济衰退，即经济的不稳定性、持续上涨的商品价格以及汇率的波动都导致了预算不能按计划完成。超过2/3的公司认为经济的波动性降低了计划的准确性，同时4/5的企业也在试图提高自身的预测能力。

### 4.4.2　主要业绩衡量指标

大部分企业都有一些主要业绩衡量指标（KPIs）。这些指标可能很简单，如及时交货比例；有时指标也可能比较复杂，比如6标准差价值。通常，不同行业，甚至不同的企业选用的指标是存在差异的。如果没有明确标准，那么确定经营成果投入主要组成部分的基准是很难的。

2011 年，美国盖特纳集团（The Gartner Group）和增强型商业报告协会（The Enhanced Business Reporting Consortium，EBRC）加入了世界智力资本倡议组织（The World Intellectual Capital Initiative，WICI）。目前可扩展商业报告语言组织（XBRL）和许多企业以及金融机构正在致力于发展“一种能够预测企业业绩的自愿性行业度量标准”，这一做法的目的在于提高企业的竞争力，同时增强企业创造利润的能力。

适用于所有行业度量指标列示在表 4—7 中。美国注册会计师协会网站上有相关链接，允许访问者浏览每一项度量指标的组成。

表 4—7　**推荐的主要业绩衡量指标**

| 业务领域 | 总量 | 主要度量指标 | | | |
|---|---|---|---|---|---|
| 需求管理 | 市场反应 | 日标市场指数 | 市场覆盖率指数 | 市场份额指数 | 机会/威胁指数 |
| | | 产品组合指数 | 盈利渠道指数 | 共同生成指数 | |
| | 销售效果 | 销售机遇指数 | 销售循环指数 | 销售完成指数 | 销售价格指数 |
| | | 销售成本指数 | 预测准确性 | 顾客维系指数 | |
| | 产品开发效果 | 新产品开发指数 | 特色功能指数 | 上市时间指数 | 研发成功指数 |
| 供给管理 | 顾客反应 | 及时运送 | 订单满足率 | 主要质量 | 服务准确性 |
| | | 维修作业 | 客户关怀 | 一致有效性 | 顾客转换率 |
| | 供货商反应 | 货物及时运送 | 供货商订单满足率 | 供货商重要质量 | 供货商服务准确性 |
| | | 供货商的维修作业 | 供货商的客户关怀 | 供货商达成一致的有效性 | 供货商的转换率 |
| | 经营效率 | 现金周转率 | 转换成本 | 资产利用率 | 标准差价值 |
| 支持性服务 | 人力资源 | 招聘有效性指数 | 利益管理指数 | 技能储备指数 | 雇员培训指数 |
| | | 人力资源建议指数 | 人力资源总成本指数 | | |
| | 信息技术 | 系统成果 | 信息技术支持成果 | 协调度 | 服务有效性 |
| | | 新计划 | 信息技术总成本 | | |
| | 财务和法规 | 顺从指数 | 准确性指数 | 咨询指数 | 服务成本指数 |

资料来源：American Institute of CPAS，“Gartner/EBRC KPI Initiative”，http：//www. aicpa. org/interestareas/frc/accountingfinancialreporting/enhancedbusinessreporting / pages / garterebrckpii nitiative. aspx.

# 第 5 章　预测即将发生的事情

做预测是一件困难的事情，尤其是预测未来。

——Lawrence Peter "Yogi" Berra（1925— ），美国运动员

本章我们要学习一个有趣的部分：编制有效的公允价值财务预测。由于预测必须基于尚不明确的市场参与者的预期，而不是管理层预期，因此这是一个反复的过程，它包括建立关于结果和最终反映的假设、发现能够规避的意外以及分辨错失的机会。由于公允价值预测需要经审计师审计，所以管理层需要确保下列事项的合理性：

- 潜在的假设。
- 内容和结构。
- 选用模型的逻辑和准确性。
- 最终的结果。

本章内容将涵盖与金融资产相关的主要问题：

- 内容：以过去预测未来。
- 结构：事实存在于各部分之中。
- 模型：规避不必要的风险。
- 假设：错误的输入必然导致错误的输出。
- 结果：获得可靠和具有支持性的结论。

## 5.1　以过去预测未来

编制财务预测有必要了解企业所处的环境，尤其是面临的经济前景。加拿大的哲学家马歇尔·麦克卢汉（1911—1980）曾说过："人们在向前行驶中，总会看后视镜，因为过去比现在要舒适得多。"

如果运用适当，"后视镜"会成为一种极其有力的预测工具，过去发生的事件能够帮助我们连接当期的指标。回顾一下 2000 年以后发生的科技革命，谷歌、雅虎、沃达丰（Vodafone）和脸谱（Facebook）这些新的加入者获得了巨大的胜利，而大部分传统的通讯公司、电视网络和平面媒体却遭受重创。这些变化难以辨别，更难以预测。我们回顾 19 世纪 50 年代初期，当时电视机刚刚兴盛，催化了大众传媒的出现，但是到了 19 世纪 90 年代末，可怕的命运却蔓延到这个领域。当今的世界，大众传媒正日益被新兴的个人传媒所取代，每

个人都必须努力地了解和适应这一变化。历史是一本指南，它告诉我们如果企业远离大众偏好、设想自身面临的环境维持不变，那么这样的企业必然会得出错误的结论。

最近发生的事件很少能够成为未来的可靠指示，如果这一情况真的发生，那么我们就能轻而易举地预测股票的价格。市场不会这样运作，也不会按照其他趋势运行。当我们笔直向前看去的时候，我们也不要忽视转角。评估师回顾过去是为了选择分析的模式，出于比较的目的，做预测时经常回顾过去是必要的。过去的 10 年和未来的 5 年是一个合理的组合。正如美国幽默家马克·吐温评论到："历史不会复制，但是至少存在规律"。

我们要避免像醉汉使用路灯那样使用过去的数据，那样不是为了照明而是出于心灵的慰藉。

### 5.1.1　持续性

财务预测内容的另一部分就是持续性。为了确保其有意义，持续性必须建立在真实的历史结果之上。这一过程的实现需要企业对过去修正的财务报表进行详细分析，观察主要影响因素随时间的走势，例如收入、成本、资产和负债，以及主要的财务指标，比如利润边际和流动性指标。后者能够让我们了解管理层对外部发展和事件的反应。选择的分析过程应该能够辨识存在的关系，同时也要能够找出暗示企业经营变化的异常项目。通常企业需要进行：

- 当前财务信息和以前期间财务信息的比较。
- 实际成果与相对应的预算数或预测数的比较。
- 实际发生数或者比率与管理层预期的比较。
- 预测比率与行业平均比率或者类似上市公司比率的比较。

### 5.1.2　S 曲线

改变不是线性的。一部分预测内容以一定的速度变化，但是很少能够找到完全的线性变化。典型的变化方式遵循 S 曲线，开始的时候慢慢地递增，这一状态平静地维持一段时间，然后突然爆发，最终逐渐下降。关于 S 曲线最著名的就是摩尔定律（Moore's law）：当价格不变时，集成电路上可容纳的晶体管数目约每隔 18 个月便会增加一倍。

摩尔定律产生于 1965 年，从此以后每一个计算机使用者由此受益，目前 S 曲线的最高点我们仍旧无法预见。最终曲线会变平，最终趋于一定的晶体芯片数量；在更大的范围里（不考虑材料密度），这一法则依旧有效。

S 曲线本质上是不规则变化的——通常会有一个清晰可见的、大弧度的转折处，这一转折处又会包含许多小的、更加精确的转折处。所以当我们发现一个 S 曲线时，那就可能意味着一个更大、更重要的曲线可能隐藏在背后。如果我们忽略了这一点，那么我们就如同站在鲸鱼上钓蝌蚪。因此，在进行财务预测过程中，一个很重要的部分就是在弯曲处之前找到可能存在的S曲线。这一变化很富有戏剧性，在对它们进行预测时，专家的表现甚至要差于普通公众的预测。

观测者看过S曲线的起始部分之后，通常会错误地计算整个过程的时间。通常情况下，他们倾向于高估短期效果（通常会立刻显现）和低估长期效果。空想主义者会认为变革在下一年就会到来，但是当变革并未到来时，失望的情绪就会导致他们认为变革将不会出现（其实变革就在眼前）。

我们都是天生的线性思考者，似乎有意识地低估变化的速度。以指数式增长的现象往往会带给我们惊奇。在S曲线变化过程中，有些人本能地得出直线变化的趋势，他们忽视了初始阶段的延迟和发展过程中的爆发式增长，即使最终直线式变化和曲线式变化的结果是一样的。正如英国作家威廉·吉布森所说："未来已经到达，只是过程尚未均匀分布而已。"

机遇往往不会与大多数人的预测相一致，即使是最有可能预料到的将来也会以未预期的方式出现。在20世纪80年代早期，个人电脑制造商预期每个家庭都将会拥有一台电脑用以文字处理和电子表格制作。但是当个人电脑真正地走进家庭中时，它却被用以娱乐，并不是用来工作。识别出存在的S曲线的最好方法就是了解什么东西已经不受欢迎了。找到在不远的将来可能会意外流行的事物，同时也要寻找那些看似无果的明智观点。

## 5.2 事实存在于各部分之中

通常情况下，估值的对象是企业整体。然而，当进行财务预测时，关注企业的各个组成部分比关注企业整体更明智。事实上，所有的企业不仅仅只有一个功能，它们以不同的方式运作。在第4章中，我们提及了企业的3个方面：现有的经营、新兴的经营活动和未来的机会（最后一个代表企业的未来）。一个成功的企业至少要拥有两个方面的活动，最好是全部获得。新兴的经营活动是那些能够产生或者即将产生收益的业务，而未来的机遇则代表了企业的研发能力和市场预测。正如使通用集团位居行业首位的首任总裁艾尔弗雷德·斯隆（1875—1966）所言："自己拆分自己比他人拆分自己要好得多。"

大多数情况下，企业现有的经营活动包含多项活动，不同的经营活动有不同的销售周期和盈利能力。通常，经营活动产生的损失会被隐藏，不被外部人发现，但是通过分解企业的活动，损失就会暴露。表5—1和表5—2以分析电话行业的供应商Anaconda电子公司为例，来列示这一过程的重要性。

表5—1　Anaconda 电子公司比较利润表　单位：千美元

| 利润表 | 2003 年 | 2004 年 | 2005 年 | 2006 年 | 2007 年 | 2008 年 |
|---|---|---|---|---|---|---|
| 收入： | | | | | | |
| 服务 | 127 824 | 130 378 | 127 581 | 127 198 | 133 826 | 142 341 |
| 设备 | 81 262 | 72 868 | 77 473 | 52 198 | 0 | 0 |
| | 209 086 | 203 246 | 205 054 | 179 396 | 133 826 | 142 341 |
| 服务增长率 | 1.5% | 2.0% | -2.1% | -0.3% | 5.2% | 6.4% |
| 利润总额： | | | | | | |
| 服务 | 30 544 | 31 152 | 32 439 | 32 273 | 29 220 | 32 039 |
| 设备 | 18 995 | 16 087 | 16 812 | 11 536 | 0 | 0 |
| | 49 439 | 47 239 | 49 251 | 43 809 | 29 220 | 32 039 |
| 服务边际利润率 | 23.9% | 23.9% | 25.4% | 25.4% | 21.8% | 22.5% |
| 费用： | | | | | | |
| 管理费用 | 23 975 | 22 339 | 24 756 | 24 321 | 15 125 | 15 777 |
| 销售和设计费 | 18 258 | 19 089 | 17 317 | 15 496 | 5 257 | 6 190 |
| 公司杂项费 | 2 539 | 3 588 | 3 917 | 3 903 | 2 841 | 2 160 |
| | 44 772 | 45 016 | 45 990 | 43 720 | 23 223 | 24 127 |
| 税前利润 | 4 767 | 2 223 | 3 261 | 89 | 5 997 | 7 912 |
| 所得税 | (1 311) | (714) | (1 023) | (24) | (1 792) | (2 650) |
| 报告净利润 | 3 456 | 1 509 | 2 238 | 65 | 4 205 | 5 262 |
| 税率 | 27.5% | 32.1% | 31.4% | 27.0% | 29.9% | 33.5% |
| 持续经营 | 4 302 | 4 648 | 5 096 | 4 319 | 4 141 | 5 262 |
| 折价 | (846) | (3 119) | (2 858) | (4 254) | (64) | 0 |
| | 3 456 | 1 509 | 2 238 | 65 | 4 205 | 5 262 |

表 5—2 Anaconda 电子公司比较利润表 单位：千美元

| | 总额 | 防御性资产 | 商业 | 服务收入 | 设备收入 |
|---|---|---|---|---|---|
| 持续经营收入 | 127 198 | 36 832 | 76 989 | 113 821 | 13 377 |
| 利润总额 | 32 273 | 97 | 25 515 | 25 612 | 6 661 |
| 边际利润率 | 25.4% | 0.3% | 33.1% | 22.5% | 49.8% |
| 费用： | | | | | |
| 管理费用 | 17 624 | 5 633 | 10 689 | 16 322 | 1 302 |
| 销售和设计费 | 5 926 | 291 | 4 428 | 4 719 | 1 207 |
| 公司杂项费 | 2 803 | 626 | 1 336 | 1 962 | 841 |
| | 26 353 | 6 550 | 16 453 | 23 003 | 3 350 |
| 税前利润 | 5 920 | (6 453) | 9 062 | 2 609 | 3 311 |
| 所得税 | (1 601) | 1 724 | (2 447) | (705) | (896) |
| 净利润 | 4 319 | (4 711) | 6 615 | 1 904 | 2 415 |
| 税率 | 27.0% | 27.0% | 27.0% | 27.0% | 27.0% |
| 净边际率 | 3.4% | -12.8% | 8.6% | 1.7% | 18.1% |

2003 年至 2006 年，Anaconda 电子公司的设备供给活动一直在减损公司的利润，共计 11 097 000 美元，公司的利润来源完全依赖于服务收入。将公司持续经营的业务分拆，我们会发现防御合约在 2005 年存在过度投资，导致了持续的损失，直到 2010 年中期公司的股价在两年里持续上涨了 20% 以后，这一损失才被弥补。为了使财务预测具有意义，应该单独预测公司的每一项活动，也就是分别对每一部分进行估值。

## 5.2.1 利润来源很重要

当你询问非会计人员，甚至是一些会计人员成本会计的用处时，他们的目光都会一怔并且奇怪这项无聊的活动与估值之间究竟有什么关系。分析企业的利润从何而来并清楚企业的哪种产品处于盈亏底线之下是极其重要的。例如，一家小型制造业企业发现虽然从财务报告整体上看，企业目前盈利状况很好，但是曾经畅销的产品线目前正在侵蚀公司的利润。管理层的上述发现应该归功于为了出售公司而引进的作业成本法（ABC）。引入作业成本法之前，公司不知道相当一部分管理费用被分配到该生产线以支持该生产线的运转。

如果被评估企业拥有众多产品线、其消费者有不同的购买偏好，即使获得了 10% 的年度销售增长率，企业也可能存在一些产品和顾客侵蚀企业发展的潜力和价值。因此企业有必要找到并改善这些项目。

### 5.2.2　产生的经济价值

众多管理者使用经济价值指标（EVG）来制定分红计划和评估投资项目，其中较为常用的指标是纽约的斯特恩·斯图尔特（Stern Stewart）管理咨询公司创立的经济增加值（EVA）。简单地说，经济价值就是税后息前利润与资本成本之间的差额，其计算公式为：投入资本（债务资本和权益资本）×加权平均资本成本（WACC）。不同的调查结果显示许多上市公司产生的经济价值都是负的，其中重要的原因之一在于企业的经营活动没有为股东创造额外的价值。

1999年，欧洲一家大型机械公司在股东大会上声称，公司要在2011年之前实现正的经济价值，但是直到2005年，在网络股泡沫破灭的后期，由于该公司的股票取得了高于市场平均水平的报酬率，上述目标才得以达成。一些研究显示，一些用经济价值指标作管理工具的美国公司有相同的结果。评估师一个有价值的作用就是帮助管理层提升股东价值。

不论是软件开发公司还是奶酪制造企业，进行财务预测之前必须采用作业成本法的简化形式来辨别产品和客户群的盈利能力。一旦管理层决定了如何处置损失项目，接下来就要对盈利部分建立经济价值指标，这就要求确定运营这些产品和客户群需要的资金及其资金来源。基于上述数据，我们就能够得到了资本成本的数据，同时每一项经营活动的经济价值指标就可计算出来了。

## 5.3　规避不必要的风险

数据表格既廉价又用途多，每天被数以百万的人所使用。但是在进行财务预算和编制财务规划时，由于众多人员共同完成一张表格，因此对其审核却是一件困难的事情——“处理这些表格，我们不能舒服地生活；但是如果没有它们，我们却不能生存”。若要对数据表格进行有效管理，企业必须配备高效和完备的专业软件。电子表格有审计、追踪和控制变化的功能，诸如简单的附加软件会更加容易地追踪和定位这些变化，侦查未经授权和不准确的修改以及确定需要修改的部分，但是企业不能完全依赖于这项工具，所以重点不在于你使用什么类型的软件。“离家的时候一定要带着它”。

严格地说，发生在数据表里的错误可能产生的影响分为3个等级：

较小：企业并没有根据这些信息、数据和结论做出重大经营决策。

一般：错误或者延迟可能会产生一般损失，或者数据表中的信息具有敏感性。

较大：错误或者延迟可能会产生重大损失，或者数据表中的信息异常敏感。

内部审计机构将固有风险定义为“企业管理层没有采取应对风险的行为进而使企业面临的风险”。

数据表的固有风险涉及危急性和出错的可能性两个方面。后者的产生是由于数据的复杂性和设计方面的问题，其中复杂性则取决于数据规模、公式运用的困难、单元格与表之间链接的数量、数据的数量以及宏和其他代码的存在。我个人建议使用带有自动浏览表格和记录问题功能的软件。

### 5.3.1 收入预测

企业经常使用收入的一定比例来作为成本数据的预测值，因此在进行财务信息预测时，预测收入的金额至关重要。预测收入有两种基本的方法：自下而上和自上而下。前者从估计不同销售渠道的客户、销售量和价格开始；后者则以历史数据为基础，从企业部门整体开始预测。

***自下而上***

产品生产部门和服务部门的结构和管理差异较大，为了使预测达到最佳结果，企业应该分别预测销量和价格。在某些行业中（例如计算机行业），价格一直呈下降趋势；但是所有的产品、服务以及顾客都存在生命周期，即从开始（出生）到结束（死亡）。在预测处于成熟期不同阶段的策略时考虑到周期效应至关重要，因为这对未来的收入会产生重要的影响。为了使增长计划更加有效，企业必须分析市场、部门和产品。

***自上而下***

该种方法使用统计工具分析历史数据的趋势进而预测销售收入。电子表格能够分析产生六种趋势线：线性型、对数型、多项式型、几何型、指数型和移动平均型。对于前5种趋势线来说，它们能够预测未来的走势并列示相关数学计算公式。在进行趋势线分析时，至少需要5年的历史数据，但是数据越多预测的效果就会越好。预测的趋势线与实际数据之间具有较好的拟合优度（较大的 $R^2$）十分重要。

最常用的趋势线是线性的，即一条简单的直线，趋势线上的数据与实际数据差额的平方和越小越好（该种方法被称为“最小二乘法”）。线性趋势线通常用公式：$y=mx+b$ 来表示，其中 m 代表斜率，b 代表截距。线性趋势线的走势可以向上、可以向下、也可保持平稳，当一个企业过去的经营成果相对稳定并且预期该趋势会继续保持，那么线性趋势线是一个很好的选择。

即使预测回归线具有较好的拟合优度，预测的结果也可能出现偏差。大多数情况下，在线性趋势线之后，我们会把多项式线作为第二选择，因为它与过去10年的销售走势具有完美的拟合程度，但是该种方法也会产生难以想象的收入增加和收入下降。因此在使用预测线方法时，企业需要十分谨慎，不能完全依赖于预测的结果。

### 5.3.2　历史利润表

分析历史利润表会得出各种费用占收入的比例，诸如劳动力成本、原材料成本和管理成本，这些都形成了公司的销售成本。通常情况下，企业至少使用过去 3 年的平均百分比数据，或者在确定的范围内选择随机数据应用蒙特卡罗模拟法。

**假设**

假设对所有的财务预测都有重要的影响；对于任何一个模型，结论的质量完全取决于假设的质量。财务预测中，通常假设相关人员是理性的、可靠的，也清楚与现存市场相关信息和当前的经济状况，同时具有相关的过往经验。重要的内、外部的非财务经营指标，例如市场份额和顾客满意度，也应该加以考虑。

**注意事项**

企业的管理层花费了大量的时间进行财务预测（很可能），但有时会出现曲棍球球棒现象，收入、边际和净利润都会迅速地变化。如果出现该种情形，企业就要加以小心，每一件事都不会像管理层预期的那样运行。预测的使用者必须能够区分可能与很可能在程度上的差别。在这种情况下，使用情景分析也是必要的（见第 4 章）。

### 5.3.3　蒙特卡罗模拟法

在大多数财务预测中，预测结果不同程度上依赖于投入要素。投入要素一个微小的变化，例如毛利，可能会对净利润产生重大影响。蒙特卡罗模拟法就是解决该问题的一个好方法。由于现金流折现法（DCF）是以能够对利润和成本产生影响的变量为基础的点估计，所以该方法的使用会受到风险应对准确性和信息缺失的限制。相反，蒙特卡罗模拟法能够较好地处理大量的假设分析状况以及与企业和技术相关的未来未知状况。蒙特卡罗模拟法适用于评估无形资产以及多重情景和未知因素未能恰当地反映在标准的数据表和决策树分析中的情形。

模拟法通常要求投入要素的可能价值在一个合理地又相对狭小的范围内波动。首先，企业需要具体确定每一投入要素的可能取值范围（例如售价、销售量、市场份额等）；然后确定这些要素的最可能取值（例如，售价可能均匀地分布于该取值范围内，而销售量可能集中分布于估计值的底端）。在数以千计的反复模拟中，最终估计出产出水平。该方法随机地在预计的范围内和可能的分布中为每一种投入选定一个价值，继而计算出与不同的投入组合相关的各种情景。该方法生成的结果是每一种估计的产出的分布范围，它们代表着最可能出现的结果。

**例子：蒙特卡罗模拟法**

考虑下列与收入预测相关的假设：

售价：每一单位产品最可能的售价为 5 美元，但是也可能在 4 ~5.5 美元之间波动。

销售数量：最有可能的销售数量是 1 000 000 的基础上加减 10% 的变动，但也可能低至 0。

数据表中的最佳答案应该是：收入 = 单价 × 数量 = $ 5 ×1 000 000 = $ 5 000 000。然而很可能有一个较大的波动范围：

最好的情形：$ 5.5×1 100 000= $ 6 050 000

一般的情形：$ 4×900 000= $ 3 600 000

最差的情形：$ 5×0= $ 0

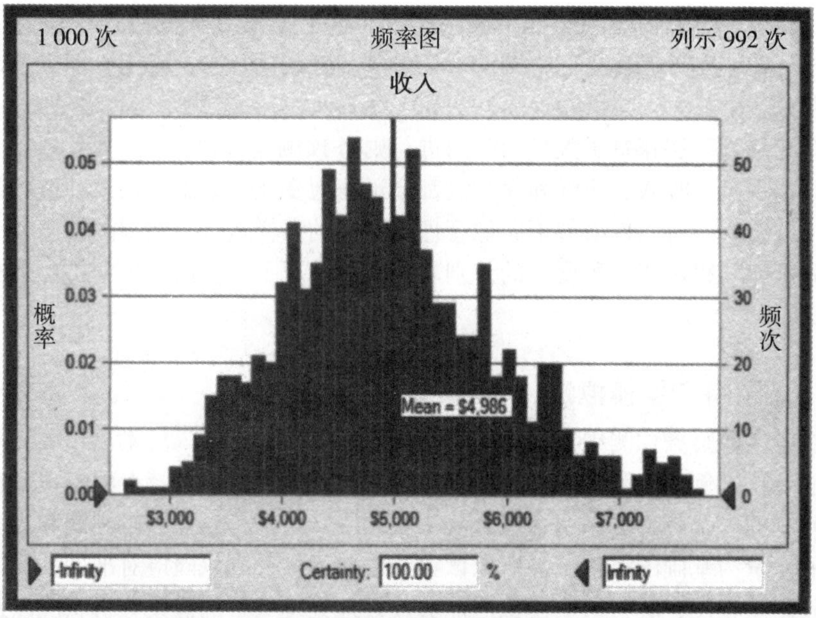


图 5.1　蒙特卡罗销售柱状图

资料来源：NACVA Presentation Kennedy（2008）.

蒙特卡罗模拟法重新计算这一数据表 1 000 次，在取值范围内，随机地改变销售价格和销售单位的取值。图 5.1 列示了所有预测的结果，其中均值（4 986 000）是最可能出现的结果。这一计算结果仅比数据表中的结果低了 0.3%，但是却有更多的数据支持，而数据表中却忽视了销售量可能为零的内在风险。

柱状图的统计结果为：

试验次数：1 000 次

平均值：$ 4 986 000

中位数：$ 4 875 000

标准差：$ 988 000

蒙特卡罗模拟法在进行财务预测过程中考虑了投入水平的潜在变化使它成为了一项实用性很强的工具。

## 5.4　错误的输入必然导致错误的输出

财务预测的质量依赖于可获得的用于支持假设的数据以及相关的过程。由于财务预测是对未来事项的估计，其准确性要低于对过去事项的报告，因此美国注册会计师协会发布的财务报告指南要求财务预测的责任方，通常为企业的一名管理人员，在进行财务预测时要有合理、客观的基础。由于财务报告指南是最好的实例，即使注册会计师没有参与财务预测的制定过程，注册会计师也应该遵循该指南的要求。财务报告指南指出预测数据与实际数据存在差异是正常现象，因为事件和环境不会按照预期方式运行。财务预测和规划应该充分利用责任方的智慧和观念，呈现企业预期的财务状况、经营成果和现金流量。

### 5.4.1　恰当的假设

预测的责任方应该清楚必要信息的质量，并需要对财务预测建立恰当的假设，这就要回答两个问题："存在客观、合理的基础吗？"、"基本的范围恰当吗？"

建立假设的过程中，需要大量的职业判断和专业知识，同时了解企业所处的行业也是必要的。在此过程中，企业尤其需要考虑的因素有：

- 获得的关于企业过去和未来的事项、环境的信息并判断是否足够充分以支持潜在假设？
- 是否存在与财务预测相关却没有合理、客观基础的重要假设？
- 企业或者行业中的专家是否选择了实质上不同的假设？
- 财务预测或规划期间的长短是否合理？
- 哪些重要因素对财务预测和规划有最重要的潜在影响？
- 哪些因素是职业判断中最重要的问题？
- 责任方对财务预测使用者需求有怎样的看法？
- 假设被疏忽或者存在错误是否会误导使用者的判断？

选出建立假设的最佳信息，同时要保证花费在信息收集上的成本要与可获得的预期收益相配比。如果假设和结论存在一个具体的范围，那么财务预测就会变得更容易支持。

判断是否为每一因素建立了适当的假设要取决于：

- 对企业经营计划的重要性。
- 潜在影响的财务重要性和普遍性。
- 对财务预测或规划的呈现或结论的影响。

假设与相应的事实和环境之间的合理关系是必要的，它们尤其要满足：

- 与过去、现在和预期情况相一致。
- 完整性。
- 为每一项关键因素建立假设。
- 摆脱过度乐观和过度悲观的情绪。
- 与企业的计划和预期相一致。
- 财务预测和规划内容在逻辑上要形成一个整体。

对财务预测和规划没有重大影响的假设不需要具体评估，但是在确定财务预测合理性的时候，每一个不甚重要的假设的合计影响必须要考虑到。

### 5.4.2 基准假设

不论是收益资本化法还是现金流折现法，收益途径下所有的估值方法都会使用利润表数据或者预期的财务信息。与收益相关的财务参数通常包括：销售收入，利息、税收、折旧、摊销前的收益（EBITDA），净利润和现金流量，这些数据估计的正确性对预测结论的可靠性至关重要。由于估值乘数既可以用于预测的财务数据，也可以用于历史的财务数据，所以在运用收入比较法时需要获得上述收益指标数据。

预测财务信息编制的基础与折现率恰当与否之间是相互关联的。在传统的现金流折现法下，企业需要预计一个最可能产生的现金流以及考虑了现金流和企业经营风险的折现率。在预期现金流折现法下，企业需要估计一系列的现金流数据和它们发生的概率，因此与现金流变化相关的风险就不需要反映在折现率中。

要准确地地记录所有的假设会用到的原始资料，尤其是收益数据。企业通常需要首先预计整个市场的收益水平，然后在考虑企业产品、服务和技术的基础上，确定本企业的预期市场份额。

基准假设的其他方法还包括趋势分析和模式分析，它们可以通过以下几种方式得出：考察企业的经营历史（前一代产品的经营周期）、确定销售价格的平均变化率、比较预期和过去的毛利与费用比率。

明显的预测期过后，增长率要与资产的预期使用寿命、行业状况、经济状况以及市场前景相适应。对企业来说，我们通常假设企业会永续经营。对于大企业来说，这一假设是合理的；然而对于小企业来说，建议假设的预计经营期最好不要超过20年。预测的长期增长率最好不要超过其他人为产品、行业、该企业经营所在的国家以及资产所处的市场所预计的平均增长率，除非可以完全保证该企业有更高的增长率。同时，尽量从不同的来源测试使用假设的合理性。

### 5.4.3 协同效应

在企业合并中，假设不仅要考虑到各种已知和潜在的成本、预计收益，还要考虑到预计产生的协同效应的价值和时间。同时，要区分市场参与者（通常为财务投资者）通过引入行业最佳先例能够获得的收益与仅能通过特定的购买者（通常为战略投资者）所能获得的收益。协同效应有两种主要的形式：成本降低与收益增加。通常前者能够在相对较短的时间内实现，而后者由于受到战略因素的影响，会花费较长的时间才能达到。达到协同效应的时间通常会比预期的时间长，并且还会涉及未预见的成本。被购买者预期到的成本会反映在估计的现金流中，进而被用于购买价格分摊（第13章）。然而，那些被市场参与者获得的信息会被用于公认会计准则的商誉减值测试中（第14章）。

## 5.5　可信并可能的结论

为了确保财务预测和规划的结论可信，企业有必要通过考虑以下5个额外问题来检查已采纳的程序：谁？为什么？怎么样？何地？何时？第6个有用的问题是：之前发生了什么？留意那些不明显的主要假设，他们可能隐藏在模型之中而不会被明确地披露。关注最重要的几个假设或者是风险最高的假设，而不能局限于大多数假设。如前所述，保证假设的合理性是一项艺术，并不是一项科学，它需要：

- 行业知识。
- 经验。
- 了解交易为什么发生。
- 保持适当的怀疑。
- 清楚管理层的预期。

使用了公允价值的所有财务预测需要接受审计师的复审。由于财务预测的不确定性和主观性，审计师需要评估结论可能错报的程度，尤其是：

- 假设的数量、重要性和复杂性。
- 支持结论的证据以及结论的主观程度。
- 依赖于未来事件的程度。
- 支持结论的客观数据的可获得性。
- 预测期。

## 5.6　收益质量

不同类型的企业，其报告的利润在质量方面存在巨大差异。举例来说，如果你查阅安然公司从20世纪90年代末到2000年的财务报表，大部分的报告利润都是未实现的，或者与市场和公允价值相关的。这不代表它们是不相关的信息——它们确实是——但是它们却是未实现的收益。所以在进行预测时，我们需要清楚能够产生现金流的项目与不能产生现金流的项目之间的差异。

现如今，公认会计准则与国际财务报告准则下的利润表是一个混合体，既包括已经实现的项目，也包括未实现的项目。扫视财务报表，一般的投资者、债权人甚至是分析师都很难知道已实现的报告利润的比例，资产负债表同样也会出现这一情况。安然公司资产负债表中列示的大多数项目都是基于市场价格，还有一些是基于未来 20 年后兑现的合同。由于时间从 1991 年延续到 2010 年，所以在此期间许多事情都有可能发生。

在预期现金流时，尤其在使用现金流折现模型时，我们必须把过去的利润表抛开，并且只列示能够产生现金流的交易。一个开放契约只能产生收益或者损失，但是却不能产生现金流量，投资者和债权人明确这一点是至关重要的。

## 5.7 结论

本章着重讲解了财务预测的知识，并从财务预测使用者如同评论家一样的视角来说明财务预测成为大多数估值方法的基础。但是也需要明确的是，本书并非是编制财务预测的一个具体指南。财务预测需要一个良好的模型，例如价值来源模型。

# 第 6 章　市场途径估计公允价值

从短期来看，市场是一台投票机；但从长期来看，它是一种称重机。

——Benjamin Graham（1894—1976），美国经济学家和证券分析师

第 3 章“公允价值框架”简单地提及了计量公允价值的 3 种途径，以及这 3 种途径不需要同时使用的原因。本章与接下来的两章将要涉及这 3 种估值途径在公允价值层级中的地位以及推广这 3 种途径需要使用的各种方法。作为确定公允价值的最终责任方，公司的管理层需要清楚每一种估值途径的优点与不足。首先我们要讨论市场途径。由于公允价值与市场参与者相关，所以活跃市场中（第一层级）的公开报价是计量公允价值最佳的基础。我们可以获得许多资产的公开报价，诸如大多数的金融资产、某些不动产、特定的商品（比如石油和铜）以及某些固定资产（例如小轿车和卡车）。

## 6.1　市场的本质

市场中拥有众多的买者和卖者，买卖双方的活动具有价格发现功能。市场存在着这样一个趋势：买者希望以低价获得商品，而卖者则期望获得更高的利润，两者的要求存在着冲突。对于易腐烂的商品来说，这一效果格外明显，在周六即将结束销售前，未出售的商品会低价出售——这样商店至少还会获得一些收益，总比周一食品腐烂掉，商店一无所获好得多。

在一个自由（没有管制）、活跃的市场中，买卖双方聚集到一起交换商品和服务。换句话说，他们就是在寻找一个双方都满意的价格。低价会使得商品有更多的需求，这样会驱使商品的价格上涨；而高价又会增加竞争者（供应商）的数量，这样又会迫使价格下降。

市场具有不稳定性，例如在 5 月 1 日至 5 月 7 日这一周里，白银的价格从周一的最高价 47.32 美元/盎司下跌至周五的 33.17 美元/盎司，跌幅达到 30%。如果下跌的趋势在长时期里维持，那么将产生破坏性影响。根据图 6.1 显示的艾略特波浪曲线，美国的商业不动产市场在 2007 年达到了顶峰，但是在 2009 年年末，之前几年的收益（2001—2007 年）却缩水了 90%。

我自 1955 年涉足股票市场和商品市场，对于投资者来说，最有趣的时光莫过于 2000 年至 2009 年。常常发生这样的事情，在活跃市场中（假设）公开交易的 AAA 级证券瞬间消失，就如同没有人能够完全确定证券的质量以及应该购买

**图 6.1　美国商业不动产价格崩盘**

资料来源：October 2010Elliott Wave International（www.elliottwave.com），http://web.mit.edu/cre/research/credl/rca/html.

哪家证券一样。最后导致仅有的出价仅仅是象征性的（假如我真的感兴趣，我就可能购买）。在此情况下，证券的出售者却不再卖出从而导致交易受限。原来位于第一层级的估值瞬间变化到第三层级，公允价值的估值也由原来的轻而易举获得变为采用模型测算。

在过去的 25 年里，世界许多地方经历了泡沫经济。其中最具代表性的就是日本 1987 年房地产市场和股票市场的泡沫。那时，东京皇宫附近的土地估值竟然超过了整个加利福尼亚州的价值。泡沫经济的破灭让整个日本陷入了失去的 20 年。

美国网络股和其他一些股票市场的兴衰（1995—2000 年）以及美国房地产市场的下滑（2005—2011 年）是最近发生的泡沫经济破灭的代表。在美国的次贷危机中，向银行申请的贷款成为了次级的标的物，抵押市场的瓦解使得华尔街五大投资银行中的两家倒闭——贝尔斯登和雷曼兄弟——梅林国际也被迫出售。雷曼兄弟在提供了 158 年之久的优质服务之后倒闭了。在 20 世纪 60 年代初期的时候，我曾经在雷曼兄弟工作，作为那里的客户理财顾问、合伙人和员工，那是一段愉快的经历。

另一起资产泡沫事件正在酝酿之中——2010 亚洲驱使了商品价格的急剧上涨。依据波士顿一家资产管理公司——GMO 有限责任公司在《经济学人》上的报道，33 种商品的加权指数在 1901—2000 年间下降了 70%，但是在 2001—2010 年这 10 年间，指数水平又得到了迅速地恢复。

尽管市场中的价格有夸大的情形，但是使用市场途径下的一些方法确定的公允价值要比完全依赖基于投资标准的收益途径中的那些方法确定的公允价值更合理，尤其是对于成长型公司。

## 6.2 资产分类

在讨论资产如何估值之前，重要的一点是考虑资产的分类问题。在过去的 100 年里，为了确保资产计价的确定性，会计人员以历史成本计量资产，并依据流动性将资产分成 4 类：

1. 流动资产：应收款项、存货、预付账款以及其他预计在 12 个月以内变现的资产。

2. 长期资产：为企业经营提供服务超过 12 个月的固定资产，这些资产的成本在使用寿命期内以折旧的方式抵减收益。

3. 递延资产：在一定时期内发生的成本会产生未来的收益，这一成本被分配到相关的期间中。

4. 无形资产：购入的资产，例如商誉，会在未来产生收益，所以成本要在经济寿命内摊销。

步入 21 世纪，GAAP 和 IFRS 都以资产的内在特征为标准，将资产分为如下几类：

• 金融资产：现金、投资、债权和预付款、预付费用、应收账款和其他金融工具。

• 实物资产：存货和固定资产（企业自身拥有的或者融资租赁的），包括计算机的硬件设备和购入的软件。

• 无形资产：划分为无形资产的项目都必须满足美国财务会计准则委员会（FASB）和国际会计准则理事会（IASB）对无形资产在法律上的规定，同时也要满足可分离的规定，按照之前的会计处理方法，其中的一些项目可能被记录在递延成本和商誉项目中，无形资产具体包括：

  · 版权——开发的软件、设计的网站等。
  · 分销渠道——分销商、批发商、零售商、顾客等。
  · 专有技术——核心的技术、过程、研发以及商业秘密。
  · 进入许可——电视/广播、交通等。
  · 经营租赁——融资租赁涉及固定资产。

·专利——特定时段内控制产品或者程序的生产、开发。

·系统——拥有企业管理、计划、会计核算、生产、供应链、环境和质量控制软件的出租权和复制权。

·商标——品牌和产品。

• 商誉：人力资本曾经包含在商誉内，人力资本主要包括员工的教育背景、技术和经验。但是在2001年这一规定被废止，主要原因在于美国和其他一些司法管辖区有一种叫做“整合人力资源”的无形资产。商誉另一个主要的组成部分是未来的投资机会，这些机会能够区分开来，并可能代表企业价值的相当比例。

### 6.2.1 市场途径的应用

应用市场途径时，有3种主要的方法：

1. 相同或者相似资产的近期可比交易。
2. 从相同或者相似行业的参照企业获得的参数。
3. 许可经营相似行业同种类型的资产的特许权使用费。

每一种方法都要基于已记录的交易，并根据地点和其他特征进行相应的调整。

### 6.2.2 资产交易

在出售、出租或者许可他人经营单一资产和资产组时，下列因素有助于选择、比较和分析交易数据：

• 资产的法律所有权已经转移。

• 筹资项目与其他的付款安排。

• 交易日的经济状况和市场状况。

• 资产存在或者使用的行业。

• 相关资产的实物形态、功能、技术与经济特征。

• 资产交易涉及的其他资产，例如与实物资产一起打包销售的其他资产（举例来说，在出售陈酿威士忌酒的原材料时，也一同出售了品牌名和酿酒秘方）。

不管是使用市场途径下的哪一种具体的方法，最后一个步骤都是总结经验数据的一致性、检查分析过程、评价报告的可比交易的优缺点以及从数据中进行最终选择。

## 6.3 可比交易法

可比交易法适用于在某一特定领域存在大量的资产出售、出租或许可交易的项目。所以适用于可比交易法的资产主要包括：股票、债券或者其他衍生产品（在活跃市场中存在公开报价），房地产（所有的居民住宅和大多数的工业不动产和商业不动产），标准的工业和采矿业的通用机械设备（计算机、空气压缩机、工具、小轿车、卡车等），还有软件、技术、商标以及类似的许可项目。通常情况下，要根据资产的市场趋势、规模、使用时间和使用状况进行调整。

### 6.3.1　评估单独资产

市场途径下评估单独资产包括 4 个步骤：

1. 检查可获得的有用信息，例如资产的销售、出租、许可经营交易和行情，以及购买、租用和许可经营资产和企业的报价。资产的可比性取决于资产的类型、使用情况、所处的行业、制造时间以及剩余的使用时间。

2. 确保数据的准确性以及交易的公平性。这一做法可能得到有关当前市场状况的额外信息。

3. 选择一个相关的比较指标，例如收益乘数、市盈率、税率或者单价，然后对所选择的指标进行水平分析。

4. 使用选择的计量方法比较报告的出售、出租和许可经营交易情况。在必要的情况下，做适当的调整，反映资产、企业、报告单位和现金产生单位的公允价值。

### 6.3.2　调整

读到此处，有的读者可能会返回到第 3 章，再次阅读公允价值框架第 5 步讨论的可观察和不可观察的输入。在运用可比交易法获得数据时，使用者必须清楚，如果数据做任何调整（甚至是最不重要的调整），第一层级就会变成第二层级。如果调整过程包含了重大的主观（不可观察的）因素，那么公允价值层级就变成第三层级，此时估值的准确性程度降低，同时也需要进行额外的信息披露，这一情形在房地产评估值中经常出现。

调整时需要考虑的因素有规模（价值乘数通常是每英亩土地或者每平方可用空间是多少美元）、时间差（一笔销售交易可能发生在 6 个月以前，另一笔交易的时间可能比上一次交易早 14 个月）。这些调整因素都是客观的，有时也需要考虑质量（标的物的质量与比较对象的质量相比是好一点还是差一点），这一因素常常是主观的。

### 6.3.3　注意事项

在选择运用可比交易法或者参照企业法时，尤其是在依赖数据库信息而非原始文件的情况下，我们也需要关注以下几个方面：

- 关联方之间进行的交易。
- 被迫进行的交易。
- 交易的核算单位与标有明确公允价值的资产之间存在差异。
- 市场中企业处于非正常交易状态。

### 6.3.4 市场性

许多机构以公允价值计量金融资产（通常为盯市报价）。正常情况下，这是一个完美的选择；然而，2008 年以后，许多市场变得不活跃，许多机构不得不使用估值模型方法来代替报价，此时通常涉及第 3 层级的输入。这一做法将产生重大的影响，由于修订后的价值不仅反映了与资产相关的债务人在偿还本息能力上的信用状况改变，同时也反映了重要的结构（非信用）因素，例如缺乏市场性（DLOM）带来的折价，后者正频繁地经历着改变。如果这些方面不能单独说明，那么使用者就应该认真地区别对待。

使用市场途径下的方法评估企业价值时，需要满足下列条件：

- 企业处于成熟期且建立了良好的运行机制。
- 可以获得类似的活跃交易的数据（参照企业法）。
- 可以获得类似企业最近的交易信息（可比交易法）。

在大多数国家里，由于无法获得使用可比交易法的充分信息，参照企业法变得更加流行。然而，在能够获取单位产出（桶、吨、面积或者收入）价格数据的情形下，可比交易法将能够计算出企业的价值，或者至少能够为价值的合理性提供支持。

## 6.4 参照企业法

权衡使用可比交易法还是参照企业法时，相关人员就需要进行判断，并且要考虑企业、产品或者服务的性质，涉及的地域和市场的多样性，财务业绩以及潜在风险。目前，全世界的公开交易证券的公司数量超过了 40 000 家，从这个角度上看，很容易找到一个或者多个处于相同或者相似行业的企业，它们的股票价格的参数（股价/收益，股价/销售收入，股价/账面价值，企业价值/利息、税收、折旧、摊销前收益）可以合理地应用于待评估企业。在使用此方法时，需要考虑每一参照对象的计量指标然后赋予权重。

### 6.4.1 选择过程

选择过程涉及如下几个步骤：

- 了解待评估企业及其所处的行业。
- 分析待评估企业的历史财务业绩。

- 调整一次性的项目。
- 收集数据并选择辨别潜在的可比企业或者参照交易。
- 在权衡可比性的基础上选择估值方法。
- 确定调整因素。
- 选择和计算恰当的估值乘数。
- 确定并购溢价的金额大小。

## 6.4.2　企业信息的来源

由于互联网上有大量上市公司的财务业绩和经营成果的数据，所以可比交易和参照企业的信息收集工作可以在互联网上完成。目标一旦确定，美国和其他国家上市公司的资料可以通过以下的渠道获得：

• BigChart（http：//bigchart. marketwatch. com）：以图像的形式展示了近10年众多国家市场15 000多只股票和指数的价格表现。

• Business. com（www. Business. com）：容纳了10 000家上市公司和44 000家非上市公司的新闻、研究和合同。

• CorporateInformation（www. corporateinformation. com）：美国和国际公司的数据，包括公司简介、调查研究与报告以及盈利信息。

• DailyStocks（www. dailystocks. com）：丰富的公司信息，包含股票报价、公司简介、图表、新闻、证监会记录和相关文献。

• Aswath Damodaran Online（www. stern. nyu. edu/ ~ adamodar）：财务技术人员获取信息的一个极好的渠道。

• EDGAR（www. sec. gov）：证监会网站上登有所有注册企业的完整信息，搜索网址 www. sec. gov/edgar/searchedgar/webusers. htm 即可获取1994年至2001年的企业历史数据。

• Hoovers（www. hoovers. com）：及时、详细地提供美国的50 000多家上市公司和大部分非上市公司的信息。

• IndustryWatch（www. Industrywatch. com）：拥有类似于Hoover's的高水平信息，但是组织的形式不同。

• OneSource（www. onesource. com）：可以用北美行业分类系统（NAICS）编码搜索来识别竞争者的综合订阅服务。

• 路透社（www. reuters. com）：刊登了超过10 000家上市公司的财务信息。

• 雅虎财经（http：//finance. yahoo. com）：涵盖了来自路透社、美国企业新闻通讯社、美国商业新闻社和市场指南报上的关于世界各地上市公司的综合信息。

## 6.4.3 加权参照企业法或可比交易法

表6—1展示了可比上市公司应用加权参照企业法的一种方式。表的第一行列示了本案例中选择的6个可比度量指标，紧随其后的一行列示了这些指标重要性的百分比。在接下来的4行中，我们分别对每一家参照企业与目标企业的相似度进行打分，从数字1（相似程度较低）一直到数字5（相似程度较高）。用这些相似程度指数乘以相关的重要性百分比，就能够得出参照企业在估值方法中的权重。

表6—1 权衡参照企业法举例

| 参照指标 | 业务 | 位置 | 财务杠杆指标 | 利润指标 | 股东权益回报率 | 成长性 | 公司权重 |
|---|---|---|---|---|---|---|---|
| 重要性 | 25% | 15% | 10% | 15% | 15% | 20% | |
| 公司A | 5 | 2 | 2 | 3 | 3 | 4 | 22% |
| 公司B | 5 | 1 | 4 | 4 | 4 | 2 | 22% |
| 公司C | 4 | 5 | 3 | 5 | 5 | 5 | 30% |
| 公司D | 5 | 5 | 4 | 4 | 4 | 2 | 26% |

## 6.4.4 行业背景

在选择参照企业时，有一个重要的步骤就是了解企业所处的行业特征：

- 行业的收益趋势如何？增长领域何在？
- 企业在行业中所占的市场份额的排名怎样？
- 哪种产品和服务需求最大？
- 新技术何时会产生影响？

这些行业信息对于评估单独的项目至关重要，尤其是企业的无形资产。显而易见，当信息的使用者对资产、企业实体乃至企业所处的行业和范围有了清楚的了解，那么使用者就会得出更加准确的结论。有关行业的上述问题可以通过以下渠道获得答案：

- CorporateInformation（www. Corporateinformation. com）：链接了30多个领域的行业资源信息。
- BNET（http：//findarticles. com）与MagPortal（www. magportal. com）：提供300多篇期刊文章、杂志和新闻专线。
- Fuld Company（www. fuld. com）与Industry Research（www. virtualpet. com/

industry)：链接了美国和其他30多个地区的行业主页。

• Hoover's Industry overviews（http：//www.hoover's.com/hooversdirectories/industry-1.html)：拥有28个行业的详细调查结果以及相关的新闻、期刊。

• Morningstar（www.morningstar.com)：包含了许多国家的估值信息。

• Valuationresource（http：// valuationresource.com)：包含企业、行业以及经济数据在内的相关资料。

### 6.4.5 控制溢价

单只股票（通常的核算单位）的公开市场报价乘以发行在外的股票数量就能够得出一家实体，例如一个报告单位或是现金产生单位的市场资本总额，但是这一数额并不代表某一特定公司整体的公允价值。收购者通常愿意为股票的控制权益支付一定数额的溢价，控制权益代表了收购者为超过持有相同股数少数股东的地位而支付的溢价，例如收购者在收购过程中获得的协同效应和通过控制获得的其他利益。因此，目标公司的资产和负债的公允价值不同于（通常会高于）公司在股票市场中的资本总额。诸如Merderstat并购公司这样的众多机构收集了美国和其他国家并购交易中的控制溢价，其结果显示并购溢价的通常水平为30%。

## 6.5 参照企业法举例

本案例的目标是要采用市场途径评估非上市公司阿尔法制造公司的所有股份的公允价值。公司的管理层关注了同行业中的8家上市公司，与阿尔法公司相比这些公司报告的销售额或高或低。对阿尔法制造公司影响最大的一个因素是在上一个财务年度末处置了两项亏损生产线，这两项生产线产生的收入占之前总收入的18%左右。

参照企业法下，最常采用也是最令人满意（根据相关的学术研究）的估值方法就是企业价值（BEV）除以利息、税收、折旧和摊销前的经营利润(OPEBITDA)。企业价值是指企业的整体价值（所有带息债务、优先股和普通股的市场价值之和）扣除与企业没有直接关系的多余现金和剩余资产后的价值。利息、税收、折旧和摊销前的经营利润则是指最近12个月（LTM）里扣除利息、税收、折旧和摊销前的经营利润（EBITDA)。根据表6—2，列举的8家参照企业中有3家公司最近12个月内的利息、税收、折旧和摊销前的经营利润出现极端值或者是负数，因此公司的管理层也要考虑其他两个相关的乘数：第一个乘数是公司价值/销售收入，第二个是乘数是公司价值/利息、税收、研发支出、折旧、摊销前的经营利润（OPEBITRAD)，这一方法将研发支出看做是一项资本支出而非经营支出。

表 6—2 参照估值乘数

| 参照企业 | 估值乘数 | | |
| --- | --- | --- | --- |
| | 销售收入 | OPEBITDA | OPEBITRAD |
| A | 1. 30 | 8. 82 | 4. 36 |
| B | 0. 12 | 2. 43 | 0. 74 |
| C | 2. 71 | 513. 61 | 12. 59 |
| D | 2. 70 | 11. 41 | 6. 31 |
| E | 3. 45 | 28. 88 | 5. 36 |
| F | 0. 55 | (4. 69) | 2. 34 |
| G | 0. 49 | 9 579 | 2. 57 |
| H | 0. 75 | 8. 30 | 2. 97 |
| 均值 | 1. 51 | 1 291 | 4. 65 |
| 中位数 | 1. 03 | 10. 12 | 3. 67 |

## 6. 5. 1 估值乘数的应用

由于选择的 3 个估值乘数的均值和中位数差异较大，所以公司的管理层就需要给中位数（80%）和均值（20%）附权重，而不是分别给 3 个参照企业单独附权重。遵循上述程序，估值乘数考虑了 30% 的控制溢价（反映了 23% 的少数股东折价）；同时由于阿尔法公司是非上市公司，结合美国之前有关初次公开发行股票（IPO）的研究，因此考虑了 43% 的折价。具体结果见表 6—3：

表 6—3 调整的估值乘数

| 参照 | 估值乘数 | | |
| --- | --- | --- | --- |
| | 销售收入 | OPEBITDA | OPEBITRAD |
| 加权平均乘数 | 1. 122 | 26. 628 | 3. 863 |
| 控制溢价 30% | 0. 337 | 7. 988 | 1. 159 |
| 折价 43% | (0. 482) | (11. 450) | (1. 661) |
| 调整后乘数 | 0. 976 | 23. 166 | 3. 361 |

### 6.5.2 公允价值

根据阿尔法公司的最近经营成果，表 6—4 列示了公司的企业价值，同时基于市场参与者的预期而非管理层假设，对下一年的企业价值进行了预期。

表 6—4　　阿尔法公司企业价值的计算　　单位：千美元

| | 销售收入 | OPEBITDA | OPEBITRAD | 均值 |
|---|---|---|---|---|
| 阿尔法实际经营业绩 | 195 095 | 944 | 24 509 | |
| 企业价值 | 190 413 | 21 864 | 82 374 | 98 217 |
| 阿尔法公司的预测 | 160 503 | 2 865 | 20 656 | |
| 企业价值 | 156 651 | 66 375 | 69 424 | 97 483 |

即使数据的波动性很大，每年的平均经营成果都会在平均值的 0.5% 上下波动。因此，管理层认为选择均值 97 850 000 美元作为企业价值是合理的。而阿尔法公司权益的公允价值的估计值为 87 750 000 美元，具体见表 6—5。

表 6—5　　阿尔法公司权益价值的计算　　单位：千美元

| | |
|---|---|
| 企业整体价值 | 97 850 |
| 多余现金和有价证券 | 4 903 |
| 银行短期贷款 | (6 690) |
| 应付供应商票据 | (2 800) |
| 关联方贷款 | (4 824) |
| 权益价值 | 87 629 |
| 调整后价值 | 878 750 |

### 6.5.3 真实的利息、税收、折旧、摊销前利润乘数

根据从惠誉评级机构和其他渠道获得的信息，表 6—6 列示了美国不同行业在 2001 年至 2010 年企业整体价值与利息、税收、折旧和摊销前的经营利润比率的历史数据，这些行业占据了全国商业经济的 90%。

表6—6 2001—2010 年美国企业的价值（最近 12 个月的与利息、税收、折旧和摊销前的经营利润乘数）

| | 最低值 | 最高值 | 平均值 | 近期数值 | 波动性 | 惠誉评估指数 | 最近的比率 |
|---|---|---|---|---|---|---|---|
| 航空与国防 | 6.5 | 11.9 | 9.3 | 10.5 | 183% | 7.0 | 67% |
| 汽车及相关产业 | 5.2 | 8.5 | 7.1 | 7.5 | 163% | 4.8 | 64% |
| 化学 | 6.4 | 11.3 | 8.4 | 7.7 | 177% | 5.1 | 66% |
| 消费品（耐用品和非耐用品） | 7.1 | 10.7 | 8.5 | 8.8 | 151% | 10.9 | 124% |
| 服务业 | 5.2 | 11.2 | 9.2 | 10.0 | 215% | n/a | n/a |
| 能源 | 4.5 | 9.9 | 7.6 | 9.3 | 220% | 5.6 | 60% |
| 食品、饮料、烟草、餐饮 | 6.2 | 10.6 | 8.0 | 7.2 | 171% | 7.5 | 104% |
| 博彩及休闲 | 7.7 | 11.2 | 9.4 | 9.2 | 145% | 7.2 | 78% |
| 护理 | 7.0 | 11.5 | 9.5 | 9.1 | 164% | 7.0 | 77% |
| 装修、材料及建筑 | 6.3 | 24.8 | 11.1 | 15.2 | 394% | n/a | n/a |
| 制造业及生产资料业 | 5.6 | 11.5 | 8.7 | 11.5 | 205% | 4.8 | 42% |
| 传媒及娱乐 | 6.1 | 13.0 | 10.1 | 7.3 | 213% | 5.5 | 75% |
| 自然资源 | 5.9 | 10.3 | 8.4 | 9.2 | 175% | 7.0 | 76% |
| 零售业 | 5.7 | 8.3 | 7.1 | 7.0 | 146% | 6.6 | 94% |
| 高科技 | 6.8 | 14.3 | 10.2 | 9.9 | 210% | 5.4 | 55% |
| 通信业 | 7.2 | 21.6 | 13.0 | 11.2 | 300% | 7.3 | 65% |
| 交通运输业 | 7.0 | 12.8 | 9.6 | 8.6 | 183% | 3.7 | 43% |
| 公用事业 | 6.4 | 11.8 | 8.8 | 7.7 | 184% | 5.8 | 75% |

## 6.6 特许资产举例

对于许多资产来说，不存在买卖的活跃市场，但是存在租用以及特许经营使用这些资产的市场。在市场途径下，估值方法基于这样的概念：资产的价值是指不拥有资产使用权的企业为使用该项资产愿意付出的价值。因此该方法称为提成法，此方法通常应用于无形资产以及诸如办公场地这样租用或者特许使用而非企业自身拥有的项目的估值。这一数值或者被资本化，或者被折现，是所有者拥有资产的所有权而不用向他人支付租金而节省下的权利金折现值之和。

权利金折现率的选择要基于实证分析的结果，同时也要考虑到可比交易的市场派生情况和报告的权利项目，在这一过程中可以使用向不同监管者报告的资产的租用和许可经营情况的数据。应用此方法的第一步就是要预测资产在剩余使用寿命内的收益情况，接下来则是通过权利金折现率估算节省下的权利金折现值之和。而且需要依据不同的情况计算每年的税前和税后的收益额，然后使用类似于现金流折现的方法（具体见第8章）将这些收益额折算为现值。

2010年12月31日，阿尔法公司需要采取恰当的技术对资产进行减值测试，其中进行减值测试的资产包括两项专利：一些拥有版权的软件；大量作为商业秘密的专有技术。为了获得恰当的折现率，公司的管理层就需要搜索相关的可比交易，进而使用北美行业分类标准编码。通过对类似公司正在使用中的相关技术进行搜索，最终搜集到了8项目前正在执行当中的合同，具体的结果如表6—7所示。

表6—7　**可比权利金折现率**

| 权利金折现率（%） | 数量 | |
|---|---|---|
| 1.0 | 2 | 平均值12.1% |
| 5.0 | 2 | 中位数8.5% |
| 12.0 | 1 | 标准差11.8% |
| 13.0 | 1 | |
| 30.1 | 2 | |
| | 8 | |

不考虑单独适用于特殊软件的30%的折现率，其余进行减值测试资产的折现率的平均值为6.2%，中位数为5.0%；这一数值被运用于现存资产和新开发产品收益的预测。上述资产进行更新换代之后，只要剩余的期限不超过7年，仍适用于上述折现率；在7年之后，某些技术就将被社会公众所有。

表6—8预测了2009年至2013年的收益情况，这一预测结果是企业的管理层呈递给公司的股东大会结果，同时管理层也认为这一预测结果也会被市场参与者所接受。使用增长率递减的原则，管理层也对2003年之后几年的收益情况进行了预测。基于风险投资者（市场参与者）的观点，使用29%的税前折现率，在此方法下，阿尔法公司技术的价值为1 270 000美元。

表6—8　**阿尔法公司技术价值**　单位：千美元

| 年份 | 收益 | 增长率 | 权利金(5.0%) | 现值系数 | 现值（29%） |
|---|---|---|---|---|---|
| 2011 | 6 764 | | 338 | 0.8734 | 295 |
| 2012 | 7 170 | 6.0% | 359 | 0.6770 | 243 |
| 2013 | 7 887 | 10.0% | 394 | 0.5248 | 207 |
| 2014 | 8 518 | 8.0% | 426 | 0.4068 | 173 |
| 2015 | 9 029 | 6.0% | 451 | 0.3154 | 142 |
| 2016 | 9 418 | 5.0% | 474 | 0.2445 | 116 |
| 2017 | 9 860 | 4.0% | 493 | 0.1895 | 93 |
| | | | | | 1 270 |

## 6.7 结论

市场途径估计公允价值需要从现实交易中获取信息，通过定义可知，这一估计的价值是市场参与者愿意支付的价值。然而，在许多情况下，并不能获取充分的信息，因此就需要寻找另一种能得出满意结论的替代途径。

# 第 7 章　成本途径估计公允价值

估值是一门艺术，并非一门精准的科学；我们不需要达到数学上的精准性，事实上我们也达不到。

——Viscount Simon（1873—1954），英国法学家

任何一项资产的成本通常不会代表它的公允价值。但是在现实中，一项资产的重置成本根据使用时间调整之后，会作为这项资产公允价值的上限，换句话说，任何一位精明的投资者为该项资产支付的最高价格不会高于该项资产的重置成本。对于特殊项目来说，也存在特例，诸如古玩，但是在公允价值的估值过程中是不考虑个人情感和偏好的。因此，成本途径作为一个明智的核对方法是有一定用处的。

## 7.1　现行重置成本

为确定某一特定资产的现行重置成本，首先应该计算出使用最新技术重新生产出功能相同的全新资产需要花费的支出，然后在此基础上扣除 4 项因素的影响值：功能性减值、技术退化、实物折耗以及经济性贬值。然而，上述 4 项因素不论是单独上还是整体上，都不同于大家熟知的会计上的折旧——只需要在资产的使用寿命里摊销资本化的费用。如果一项实物资产的使用效率低于理想状态，那么这项资产的价值必须降低。重置成本不同于重新构建一项具体资产的复制成本，也不同于依据价格水平调整原始支出的创造成本。

### 7.1.1　不动产

对某一特定的报告单位和现金产生单位来说，不动产是一项重要的组成部分，而现行成本法对于不动产的估值尤为重要。根据公认会计准则（GAAP），计量不动产的公允价值应该分别估计土地的公允价值和建筑物的公允价值。而国际财务报告准则（IFRS）要求把不动产进一步地分割为几个主要的组成部分，每一部分有不同的剩余使用寿命（RULs）。通常情况下，根据某一地区的土地销售情况估计土地的价值相对容易；而与建筑物不同组成部分相关的信息则可以通过工程造价手册、当地的建筑商、房地产代理商以及税务部门这些渠道获得；然后给各部分分配比例，进而确定不动产的公允价值。表 7—1 列示了分别在公认会计准则（GAAP）和国际财务报告准则（IFRS）下，通过市场途径获取的办公

楼公允价值确定的过程和分摊情况。

表 7—1　**不动产公允价值分配举例**　单位：千美元

| | 市场途径 | 成本途径 | | 公允价值分摊 | |
|---|---|---|---|---|---|
| | | | | GAAP | IFRS |
| 土地 | | 11 600 | 33.4% | 11 369 | 11 369 |
| 建筑物 | | | | 22 631 | |
| 电力系统 | | 5 260 | 15.2% | | 5 155 |
| 电梯 | | 2 260 | 7.6% | | 2 568 |
| 空调系统 | | 5 120 | 14.8% | | 5 018 |
| 机械设备 | | 1 640 | 4.7% | | 1 607 |
| 结构框架 | | 7 400 | 21.3% | | 7 253 |
| 屋顶 | | 1 050 | 3.0% | | 1 029 |
| | 34 000 | 34 690 | 100.0% | | 34 000 |

### 7.1.2　存货、固定资产

为了确定诸如存货和固定资产这些实物资产的公允价值，有必要将这些资产区分为通用资产和专用资产。对于通用资产来说，二手市场中存在实物相同、功能相似或者效用可比的资产价格，加上安装费用和软件成本就可以确定资产重置成本。如果一项资产过于陈旧，不存在可比对象，那么估值者就需要找到一个功能相似的新资产价值，然后在考虑资产的使用状况、使用年限和折耗情况的基础上进行扣减。

专有资产，尤其是为某一特定的客户构建的资产，可比对象的选择有较大的限制。在此情况下，重置成本就是构建和投入使用此项资产前发生的必要支出总额扣除使用状况、使用年限，生产能力和折耗情况后的余值。

## 7.2　扣减项目

重置成本法要求企业估计出 4 项影响因素的扣除数额，它们依次为：功能性减值、技术退化、实物折耗以及经济性贬值。

1. 功能性减值：此项价值的减损主要是由于资产能力的相对减弱而不能实现预期设定的目标。例如，电话系统增加了新的功能，即使现存设备的安装率处于第一位，该项设备满足使用者需求的能力也会下降。

2. 技术退化：由于新程序的引入极大地降低了经营费用或者是提高了产品的质量，因此原有实物资产的价值则出现了下降的可能性。例如，直接使用数字输入的新设备的出现使得使用了超过半个世纪之久的传统印刷机立即被淘汰。

3. 实物折耗：由于时间的流逝，资产也会出现减值。即使维护的再好，功能保持的再完整，旧设备也会因为寻找备用零部件和训练有素的技术工人的难度而产生减值。例如，DC-3 型号飞机（道格拉斯）自 1935 年首次飞行以来，即使过去了 75 年，至今也仍在飞行，这是因为仍旧有足够的人员对其进行维修和保养。

4. 经济性贬值：由于外部因素的影响，诸如市场中资产价格的下降，资产的价值也会产生减值。尽管时装行业会出现暂时的潮流和季节性的起伏，但是到了 20 世纪 60 年代男女式帽子的需求突然消失，导致生产帽子的资产价值大幅下降。

由于这一部分主要讲述如何确定每项减值因素的价值，所以读者也许不会对这一部分感兴趣。然而，由于调整后的重置成本是现行投资者愿意支付的最高价格，计算这些减值项目就显得尤为重要。估值的过程一方面要依赖于工程造价的研究，另一方面也要依赖于估值者个人的经验和寻找适当数据的能力。减值项目的数值越大，涉及的不确定性就会越高。

### 7.2.1　功能性减值

功能性减值的形式有很多，因此很难区分每一项减值的影响数值。功能性减值最常见的原因就是监管环境的变化以及对未来市场需求预期的变化，这两项因素决定了功能性减值的水平和比率，直接或间接地降低资产的有用性。功能性减值的整体影响反映在与新的、功能齐全的资产相比时，资产效用的下降。

许多实务工作人员使用市场途径下的可比交易法评估资产的价值，尤其是固定资产，因为资产的功能性减值已经反映在市场价格当中。尽管市场途径存在上述优点，但是它并没有完全考虑未来变化对现有资产的经济寿命和用途的影响。市场途径固有地但是错误地假设资产的功能性减值比率在未来一直会保持不变，事实上，这一比率是随着时间而增加的。所以，市场途径倾向于高估资产的经济寿命和使用价值。所以，在确定功能性减值时既要考虑到当前的减值情况，又需要估计未来可能出现的减值情形。一些评估师把技术退化作为功能性减值的一部分，但是按照我个人的观点，这两种减值情况是存在差异的。

### 7.2.2　技术退化

大部分企业在技术更新过程中，采用新的技术替换原有的设备以提高经营效率——降低单位产出的经营成本和资本化费用，提高产出能力，提升产品质量等等。这一过程可以随着时间流逝被度量和绘制，最终这一过程必然呈现出 S 曲线形状。虽然这一结论已被我们熟知很多年，但是这一结论真正出现的时间是 1971 年，来自通用电气的 J. C. Fisher 和 R. H. Pry 在《技术革新的一个简单替代模型：科技预测与社会变革》（*A Simple Substitution Model of Technological Change, Techonogical Forecasting and Social Change*）一书中对此进行了定义。

Fisher-Pry 曲线模型被公认为能够精准地预测技术变革的步伐和技术退化的结果。1986 年，R. C. Lenz 和 L. K. Vanston 在《通信业和其他行业技术变革的比较》（*Comparisons of Technology Substitutions in Telecommunications and Other Industries*）一书中对美国 200 多家企业的技术变革进行了分析，这些案例行业跨度甚广，从化学行业到航空工业，其分析的结果被认为与企业的实际情况是基本吻合的。在每种情况下，S 曲线的形式能够预测资产价值未来的走势，并直接决定功能性减值的数值。

记录技术退化资产

各行各业似乎总会发现计算机的新用途，诸如计算机可以用来提高财务控制和经营控制，进行财务预算，也可以用来开发新技术和新流程。尽管企业的价值会因上述活动得到提高，但是企业为此需要不断地替换相关的硬件设施。一些企业面临着能力的限制，负担不起这些额外的投资，企业就必须保证现有设备能够服务更长的时间，即使企业的管理层清楚地知道技术退化给企业带来什么样的影响。

为了记录资产的技术退化情况，我们需要：

- 将原始资产的成本、运行速度和效率与可替代的最新、最高效的资产进行比较。
- 收集有关产品市场价格、使用年限和现行交易量的市场数据。
- 追随经济走势，搜集行业和竞争对手的信息。
- 收集整个工厂的成本数据，辨析现存资产对盈利能力的影响。
- 估计翻新和优化功能不足而被瓶颈化的成本。
- 询问工程师和设备操作人员是否需要更换某些设备。

### 7.2.3 实物折耗

实物折耗是指由于以下因素导致的资产价值的下降：使用、磨损、暴露于外界、使用年限、意外损耗和破坏或者寻找备用零部件和技术工人的难度。实物折耗类似于传统财务会计中的资产折旧，代表资产的原始成本随着时间的流逝而下降。由于实物折耗反映的是实物本身的变化，所以折耗的数值往往表现为前期高、后期低。

### 7.2.4 经济性贬值

外部因素的影响导致资产价值的下降被称为经济性贬值。所以从本质上看，该项减值因素不会反映在其他 3 项减值因素当中。尽管经济性贬值有众多形式，但是以年度比率的形式估算有助于将所有的因素一起考虑进来。不同于实物折耗的处理方法——同一年购入的资产一同进行减值，经济性贬值普通影响所有类似资产，而不考虑资产的使用年限。

例如，一家当地电话供应商预计在2004年至2007年间，它将失去30%的国内客户。管理层分析，第一年客户失去率为5%，接下来的两年为12%，第4年为5%。从2007年以后，管理层预计从竞争对手那里争夺来的收益会抵销这些损失。这些预测的客户失去率以合并的方式，代表了每一年可能的经济性贬值。

## 7.3 整合影响因素

确定资产价值的累积减值时，整合不同因素的影响是必要的。但是在实际操作中，通常是按照顺序进行减值测试，保证资产计价的基础是相同的。上述说明并非多余，例如，在某一年中，一项资产的实物折耗为10%，那么余下的90%才是计算15%技术退化的基础。因此，在期末，只有资产原值的76.5%（90%×(1-15%)）在为企业生产进行服务，资产的减值水平为23.5%（1-76.5%），而非25%（10%+15%）。

表7—2预测了4项减值因素的年度影响比率，同时也预计资产的使用寿命为20年，残值比率为7.5%。实物资产（价值的50%）的平均使用寿命为7.6年；然而由于其他减值因素的存在，这些资产的平均经济寿命只有4.2年（减少了45%）。

表7—2 资产年度减值因素影响

| | 年度 | 功能性减值 | 技术退化 | 实物折耗 | 经济性贬值 | 资产价值下降净值 | 剩余价值100% | 小计C+D=H | 小计H+B=1 | 实物价值 | 功能性价值 |
|---|---|---|---|---|---|---|---|---|---|---|---|
| 1 | 1999 | 0.0% | 1.3% | 4.0% | 0.0 | 5.2 | 94.8% | 5.2% | 5.2% | 96.0% | 100.0% |
| 2 | 2000 | 0.0% | 2.0% | 8.0% | 0.0 | 9.8 | 85.4% | 9.8% | 9.8% | 88.3% | 100.0% |
| 3 | 2001 | 0.0% | 2.9% | 8.5% | 5.0 | 15.6 | 72.1% | 11.2% | 11.2% | 80.8% | 100.0% |
| 4 | 2002 | 1.0% | 4.3% | 9.0% | 15.0 | 26.7 | 52.8% | 12.9% | 13.8% | 73.5% | 100.0% |
| 5 | 2003 | 2.0% | 6.1% | 9.5% | 15.0 | 29.2 | 37.4% | 15.0% | 16.7% | 66.6% | 99.0% |
| 6 | 2004 | 2.5% | 8.6% | 10.0% | 5.0 | 23.8 | 28.5% | 17.7% | 19.8% | 59.9% | 97.0% |
| 7 | 2005 | 3.0% | 11.5% | 10.5% | 0.0 | 23.2 | 21.9% | 20.8% | 23.2% | 53.6% | 94.6% |
| 8 | 2006 | 3.5% | 15.0% | 11.0% | 0.0 | 27.0 | 16.0% | 24.4% | 27.0% | 47.7% | 91.8% |
| 9 | 2007 | 4.0% | 18.6% | 11.5% | 0.0 | 30.8 | 11.1% | 28.0% | 30.8% | 42.2% | 88.5% |
| 10 | 2008 | 4.5% | 22.1% | 12.0% | 0.0 | 34.5 | 7.2% | 31.4% | 34.5% | 37.2% | 85.0% |
| 11 | 2009 | 5.0% | 25.2% | 12.5% | 0.0 | 37.8 | 4.5% | 34.6% | 37.8% | 32.5% | 81.2% |

续表

| | 年度 | 功能性减值 | 技术退化 | 实物折耗 | 经济性贬值 | 资产价值下降净值 | 剩余价值100% | 小计 C+D=H | 小计 H+B=1 | 实物价值 | 功能性价值 |
|---|---|---|---|---|---|---|---|---|---|---|---|
| 12 | 2010 | 5.5% | 27.7% | 13.0% | 0.0 | 40.6 | 2.7% | 37.1% | 40.6% | 28.3% | 77.1% |
| 13 | 2011 | 6.0% | 27.7% | 13.5% | 0.0 | 41.2 | 1.6% | 37.5% | 41.2% | 24.5% | 72.9% |
| 14 | 2012 | 6.5% | 27.7% | 14.0% | 0.0 | 41.9 | 0.9% | 37.8% | 41.9% | 21.0% | 68.5% |
| 15 | 2013 | 7.0% | 27.7% | 14.5% | 0.0 | 42.5 | 0.5% | 38.2% | 42.5% | 18.0% | 64.1% |
| 16 | 2014 | 7.5% | 27.7% | 15.0% | 0.0 | 43.2 | 0.3% | 38.5% | 43.2% | 15.3% | 59.6% |
| 17 | 2015 | 8.0% | 27.7% | 15.5% | 0.0 | 43.8 | 0.2% | 38.9% | 43.8% | 12.9% | 55.1% |
| 18 | 2016 | 8.5% | 27.7% | 16.0% | 0.0 | 44.4 | 0.1% | 39.3% | 44.4% | 10.9% | 50.7% |
| 19 | 2017 | 9.0% | 27.7% | 16.5% | 0.0 | 45.1 | 0.1% | 39.6% | 45.1% | 9.1% | 46.4% |
| 20 | 2018 | 9.5% | 27.7% | 17.0% | 0.0 | 45.7 | 0.0% | 40.0% | 45.7% | 7.5% | 42.2% |

特定年份购入的资产需要单独放在一个表中列示，这些资产的残值可以绘制成图，形象地展示这些残值对企业的整体影响。

## 7.4 残值

所有的实物资产都有一定的价值。废弃设备可以翻新、转售，有缺陷的项目可以分拆处理。一项资产的最低价值就是它的净残值——资产的售价扣除处置成本以及相关费用后的金额。净残值通常以资产原始成本的一定比率表示。

从根本上说，重置成本法估值的质量取决于估计相关减值影响因素的质量。因此，成本途径估计的资产价值是其他估值途径确定的数值的上限和补充，FASB 和 IASB 均认同了成本途径的应用价值。

## 7.5 使用寿命

我们可以从资产折耗的角度来看待 4 项减值因素，可以理解为在资产的预计使用寿命内预期未来现金流量的减少。对于许多全新资产来说，自投入使用那一刻起，资产的价值就发生折耗，同时资产的剩余使用寿命也在逐渐下降。最佳的例子莫过于汽车自开出陈列室或者车库起，它的公允价值就会下降。不论有形资产和无形资产以何种方式获得——企业合并的方式取得、整体购入或者单独购入——这些资产的会计处理方式将依赖于它们在企业的剩余使用寿命；这些资产应该准确地反映能够直接或者间接产生现金流量的期间。

资产的经济寿命或者有用寿命不同于它的使用寿命，管理层认为经济寿命是能够产生现金流量的期间，但是报告单位或者现金产生单位预计的处置期间不包括在内。资产的摊销期间是指在考虑资产残值的基础上拥有该项资产所有权的期间，例如间接产生未来现金流的竞争协议，它的摊销期间则是其法律有效期。

### 7.5.1　剩余使用寿命分析

资产的剩余使用寿命是资产预期为企业经营服务，直接或间接为企业带来现金流量的期间。估计资产的剩余使用寿命时，要考虑以下因素：

- 资产的预期使用时间。
- 相关资产的预期使用寿命。
- 法律、法规的限制。
- 资产陈旧的影响。
- 资产维护需要花费的支出。
- 外部经济因素的影响。
- 因重要员工变动对收益持续性产生的不确定性。
- 客户波动率。
- 客户群和员工的流动性。

企业预期的资产使用期限是分析过程中需要考虑的最重要因素。如果一项资产的预期使用寿命短于实物资产存续期或者法律规定期，那么企业可以通过在现有市场进行交易而获取残值收益。法律、法规限制的资产使用期为确定某些无形资产的经济寿命提供了参考，但是可能会与资产的剩余使用寿命存在较大差异。在计算资产公允价值的过程中，资产的剩余使用寿命是在考虑4项减值因素的基础上所确定的经济寿命，为法律、法规规定的使用寿命中的最短者。4项减值因素中，对资产剩余使用寿命影响最大的则是技术陈旧。例如，DVD的引入使VCD的销售额迅速下降，其产生的直接结果就是与VCD相关的专利剩余使用寿命急剧缩短。

随着时间的流逝，由于4项减值因素的存在，资产履行原始功能的能力下降。因此有必要了解有形资产和无形资产的特征，以及它们在企业生产周期和行业周期中所处的位置。资产的维护费用也会为确定资产的剩余使用寿命提供信息。如果资产的维护费用居高不下，那么这就暗示着资产的剩余使用寿命将达到极限。当资产的公允价值以现金流折现的方式获得，则管理层预期的资产存续期间就视为他们对资产剩余使用寿命的看法。较短的使用寿命意味着管理层打算使用相似项目替代原有资产，例如与客户签订新的合同，计划维持、更新、提高成本，延长资产使用时间。

### 7.5.2 无形资产

在考虑固有风险的基础上，资产能够产生股东满意的经济回报率的能力决定了该项资产的剩余使用寿命。一旦某项资产不能产生股东满意的回报率，那么该项资产的经济使用寿命就面临终止。对于使用权、专利技术、著作权、商标、商号和广告素材这些无形资产来说，上述观点尤为重要。

一些无形资产与实物项目有直接联系，因此市场参与者需要同时了解这两项资产。一个恰当的例子就是存货与商标的关系——威士忌的分销商需要保证货源充分以允许适当的留存。另一个例子则是专业运动员的合同，如果运动员受伤，那么这项无形资产的价值就会损失惨重。

与无形资产使用寿命相关的具体因素有如下几项：

• 来源。对于那些来自于某一特定类别合同的无形资产来说，诸如许可证、特许权、供货合同或营业执照，使用寿命是类似的。

• 相关法规。竞争协议、著作权、商标和商号这类无形资产的剩余使用寿命是它们受法律保护的期间。

• 技术或产品的生命周期。如图 7.1 所示，我们有必要分析诸如核心技术这样的无形资产的生命周期，从而确定无形资产履行预定功能的期间。

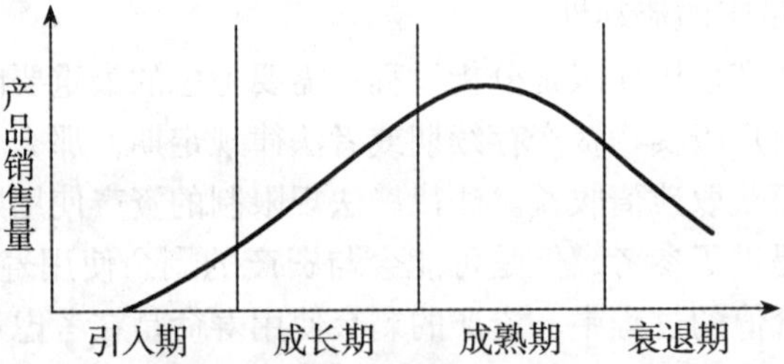


**图 7.1 产品生命周期举例**

资料来源：Anson Marston, Robley Winfrey, and Jean C. Hempstead, *Engineer Valuation and Depreciation* (Ames: Lowa State University Press, 1953).

• 技术的更新换代。更新换代较快的资产往往使用寿命很短，即使优化处理能够增强无形资产发挥功能的效率（例如，拥有更快的处理过程或者以更加有效的方式提供产品）。

• 经济走势。市场状况的变化会严重地影响公司客户的供需特征以及他们的价值，同时也会对无形资产产出的产品和服务的特征产生影响。

尽管上述提及的因素很重要，但是考虑到剩余使用寿命分析对资产价值评估的重大影响，因此有必要考虑特定无形资产所有的关于数量和质量方面的特征，尤其是经济走势、所有者策略、监管政策和科技进步等方面。

### 7.5.3　幸存者曲线

资产价值的变化取决于资产存续期的特征以及资产预期未来产生的现金流量。如果假定后者在报告期内保持一致，那么幸存者曲线技术（该知识点超出了本书的讲解范畴）可以用来估算资产未来获利能力的现值。幸存者曲线经常被用来计算那些价值在正常经营周期内呈下降趋势的无形资产的价值，典型的案例为客户资料、银行存款以及广告活动。

该曲线的起源可以追溯到20世纪早期，当时公司的管理层想要知道美国铁路运输业的固定资产可以持续多久，何时需要被替换。基于历史的磨损率，幸存者曲线可以估计由类似的固定资产或者无形资产组成的资产组（例如，计算机系统）随着时间变化的磨损率。同理，对幸存者曲线进行稍微改进，精算师们可以估算人的寿命。

### 7.5.4　使用寿命的不确定性

如果分析了包括之前提及的因素在内的所有相关因素后，得出的结论是没有与法律、监管、合同、竞争、经济等相关因素限制的资产存续期间，那么美国GAAP和IFRS都认为资产的剩余使用寿命是不确定的；使用寿命不确定不代表期限是模糊或者无限的。尽管确切的剩余使用寿命目前尚未可知，但是资产仍旧存在减损价值的可能性。

一些特许权或者许可权，例如广播电台和医院的经营许可，最初界定了有限的期间，但是可以以较低的成本甚至无需成本延续经营期。某些权利的成交价格反映的资产寿命要比剩余的法定期限要长得多，这意味着预期能够延续权利的存续期。基于上述说明，这些资产的寿命被认定为是不确定的。但是对于某些特定类型的特许权来说，这种不确定性延续了存续期，或者导致延续的成本过高。

由于特定无形资产的使用寿命取决于权利延续的可能性以及相关的成本，因此FASB规定，只有在有证据表明权利的延续不需要过高成本时，才可以认为权利可以延续。对于某些无形资产来说，法律规定的权利是永续而非有限的（例如，用水权），如果能够预期该项无形资产在相当长的时间内会产生现金流量，那么则认为此项无形资产的剩余使用寿命是无限的。

### 7.5.5　娱乐性资产

美国GAAP对电影、电视节目、视频游戏以及其他类似的娱乐性资产进行了特殊的规定。这些资产按照指南要求记录入账，并按照个别项目预测法摊销。在此情形下，与具体资产相关的现金流量总额和预期发生的相关成本都能够估计，资产的成本按照本期获取的现金流量占现金流量总额的比率进行摊销。这一规定没有考虑资产使用寿命的不确定性，但是适用于各个种类的娱乐性产品，包括剧情片、电视剧特辑和连续剧、动画片、纪录片、音乐专辑以及其他允许出售、特许经营或者是在电影、录像或者视频中出现的类似项目。

### 7.5.6 摊销

如果资产的剩余使用寿命确定，那么资产的摊销费用就反映了该项资产的经济利益实现方式。在经济利益实现方式尚未确定的情形下，企业可以选择直线法进行摊销。尽管实物资产在处置时往往会有净残值，但是无形资产的净残值通常为零。根据 GAAP 要求，企业至少每年进行一次资产减值测试，并根据减值测试的结果调整资产的剩余使用寿命，同时以资产的公允价值为基础确定资产减值损失数额。出于会计核算的目的，有形资产和无形资产通常以直线法折旧或者摊销，但是在实务中资产的价值并不以直线方式下降。有形资产和无形资产的折旧率通常在前几年较高，并随着资产的使用逐渐降低。举证这一事实的典型例子就是包含原始购买日期和最新购买日期的客户清单，从客户的购买清单中企业能够预测资产获利能力的下降速度以及资产的剩余使用寿命。

如果一项无形资产的使用寿命有限，但是目前尚不能确定具体的存续期间，那么就需要对资产的使用寿命进行最佳估计，并在此期间对无形资产的价值进行摊销。除非无形资产受损，否则不可以将其从账上注销。报告单位或者现金产生单位在使用直线法摊销无形资产价值前，必须估计该资产的经济利益实现方式。通常情况下，与客户签订的销售合同，由于常规性的消耗，往往在最开始的几年内产生较大的现金流量，这也为资产加速折旧提供了依据。

有时也会出现这样的情形，正在摊销的无形资产被认定为使用寿命无限。最佳的例子就是卡通人物米老鼠，在 20 世纪 90 年代，米老鼠的著作权即将到期，但是由于法律规定的变化这项权利得以延续。当这种情形发生时，资产的摊销应该立即停止，并按照其他使用寿命无限资产的减值方式对该类无形资产进行减值测试。减值中发生的损失应该在利润中确认，而不能作为会计政策变动处理。

## 7.6 成本途径估计无形资产

本章余下部分将要说明成本途径是如何估计 3 种不同类型的无形资产的价值，这 3 种类型的无形资产包括：安全训练 DVD 的版权、内部开发应用于运行企业的软件系统以及整合人力资源。

### 7.6.1 安全训练 DVD

Aria 公司是一家以草坪修理为主营业务的公司，该公司邀请了一位专业人士为其制作了一段时长达 30 分钟的安全训练 DVD，这一套安全防护训练是在州立大学开展的疾病与伤害防御项目的基础上开发的。Aria 公司此举的目的在于降低本公司 1 200 多名员工和技术人员受到与工作相关伤害的可能性。由于该项措施提高了员工的工作效率，降低了雇员的赔偿诉求，此举取得了巨大的成功，Aria 公司由此成为了当地景观美化行业中唯一一家提倡安全工作、预防职业伤害的公司。拥有 Aria 部分股权的母公司——Greensleeves 公司希望将 Aria 的这项专利权应用于其他草坪修整部门的经营之中，因此本次估值的目的在于确定关联企业之间进行专利交易的转移价格。

**为什么选择成本途径?**

本次估值之所以选择成本途径，是因为该 DVD 具有以下特点：

- 专门用于训练草坪修整人员的安全意识和伤害防御意识，同时该项智力资源来源于州立大学对安全意识的知识积累和实践经验。
- 提倡的安全训练只针对草坪修整公司，所以可比交易不存在，这使得市场途径不可行。
- 没有获取收益的初衷，唯一的利益在于能够节省员工受伤害的赔偿金。

此外，与该项专利相关的直接成本、间接成本以及机会成本均能够确定并且可追溯。

**重置成本**

重置成本可以通过计算以下部分获得：

- 实际发生的直接管理费用以及与收益相关的成本。
- 与生产相关的额外成本。
- 重新制作光盘所需的安全知识和经验的成本，包括重新收集以下数据：
  - · 意外赔偿的历史数据。
  - · 操作修剪机的员工的经验。
  - · 导致误工的意外赔偿类型。
  - · 目前公司中安全实践的适当性。
  - · 州立大学的资源库。

**知识内容**

重新制作该项专利至少需要一名有经验的专业人员。Aria 公司选择的是一名拥有安全意识和预防意外工伤事故的 15 年经验的管理人员。该名经理年薪 100 000美元，相应的福利费用 50 000 美元，这些费用均应列支到管理费用中。光盘中的安全理念预期会在未来的 5 年内应用于 Aria 公司的员工培训，之后，技术的创新会弥补现存安全理念的不足和实务上的过时。预测 5 年的专利发展期以及每年将近 150 000 美元的成本，则总成本为 750 000 美元。经过管理层的讨论，同时考虑专利 5 年的收益期，最终确定总成本中的 25% 应该分配到与 DVD 相关的安全建设中，因此该项专利的重置成本约为 187 500 美元。

**成本汇总**

Aria 公司的估值工作持续了 6 周，由 2 名管理人员和 8 名普通员工完成，具体结果见表7—3。

表7—3 Aria公司培训光盘公允价值 金额单位：美元

| | |
|---|---|
| 工资 | 45 000 |
| 管理费用与员工福利 | 21 000 |
| 设备、汽油和管理费 | 15 000 |
| | 81 000 |
| 生产者劳务费 | 75 000 |
| 小计 | 156 000 |
| 知识内容 | |
| 专家费 | 100 000 |
| 管理费和津贴 | 50 000 |
| 总计 | 150 000 |
| 扣除非安全部分 | 0 |
| 净值 | 150 000 |
| 开发期 | 5年 |
| 知识内容总成本 | 750 000 |
| 与光盘相关的比例 | 25% |
| 与光盘相关的知识成本 | 187 500 |
| 光盘的总成本 | 343 500 |
| 所有权转移比例 | 40% |
| 光盘转移价格 | 137 400 |
| 转移价格约等数（约到5 000美元） | 135 000 |

## 7.6.2 软件系统

最终，Aria公司的母公司——Greensleeves公司被Andus集团收购。Greensleeves公司最重要的一项无形资产是公司内部开发的计算机系统的源代码，该系统可以用来经营众多的服务业务。该软件由225个程序组成，并在其中9个系统中包含了217 000行代码，具体见表7—4。

表 7—4　　重新开发软件所需的时间

| | 程序 | 代码行数 | 日产量 | 重新开发所需的单人工作日 |
|---|---|---|---|---|
| 资本性资产 | 6 | 300 | 4.0 | 75 |
| 总账 | 28 | 4 225 | 13.0 | 325 |
| 人力资源 | 29 | 3 186 | 11.0 | 290 |
| 订单记录 | 10 | 1 541 | 7.0 | 220 |
| 应付款项 | 6 | 403 | 4.0 | 100 |
| 工资 | 62 | 2 660 | 3.8 | 700 |
| 产量 | 61 | 24 518 | 10.5 | 2 335 |
| 质量控制 | 9 | 40 000 | 40.0 | 1 000 |
| 应收款项 | 14 | 900 | 6.0 | 150 |
| | 225 | 77 733 | 15.0 | 5 195 |

并购后，为了分配购买价格，Andus 公司采用成本途径估计该软件的公允价值，其原因在于：

- 虽然许多公司拥有功能相似的资源计划系统，但是 Greensleeves 公司开发的软件系统简单、易操作，适合应用于公司的其他部门中。
- 与开发软件系统相关的直接成本、间接成本和机会成本均能够合理确定。
- 该软件系统并非以出售为目的，公司管理层不能量化软件产生的收益。
- 源代码以 C++语言编写，并在 LINUX 系统中运行，并使用一些公共域惯例和程序。

简单地查阅 1/10 的文件，工作人员便可以估计出重新编写和检测代码所需的单人工作时间，这是考虑技术过时的一部分因素。单人日工资的估计建立在 3 种层次的程序员——初级的、有经验的和高级的程序员，每一种程序员的数目均是在期望数目的基础上（见表 7—4 和表 7—5）。

重置成本法下，软件系统的价值约为 1 700 000 美元。为确保该数值是公允价值的合理估计，有两个问题需要回答："若存在 4 项减值因素，那么需要扣除哪项?"，"市场参与者会以该价格支付购买吗?" 4 项减值因素依次为：功能性减值、技术退化、实物折耗和经济性贬值。这 4 项因素中，唯一可能产生影响的便是技术退化，其原因在于程序语言（C++）和操作系统（LINUX）已经成熟。

经过与专家查阅运行和评价均良好的代码信息，最终管理层确定了 10% 的扣除率，则最终价格定在了 1 530 000 美元。在确定脱手价格时，考虑到相关的商业宣传和复杂的安装过程，Andus 公司预期会为相关人员支付 1 200 000 ~ 1 500 000美元的费用，其中包括支付给 Greensleeves 公司操作人员的费用。因此为使产品具有竞争性，Andus 公司最终将公允价值减至 1 500 000 美元。

表 7—5 Greensleeves 公司软件系统的公允价值

| 老化率（%） | 系统 | 单人工作日（天） | 全负荷成本（美元） | 重建成本（千美元） | 价值（千美元） |
|---|---|---|---|---|---|
| 35 | 生产 | 2 335 | 380 | 887 | 577 |
| 25 | 人力资源 | 290 | 400 | 116 | 87 |
| 15 | 总账 | 325 | 400 | 130 | 111 |
| 15 | 应付款项 | 100 | 400 | 40 | 34 |
| 15 | 应收款项 | 150 | 400 | 60 | 51 |
| 10 | 工资 | 700 | 425 | 298 | 268 |
| 10 | 订单记录 | 220 | 450 | 99 | 89 |
| 5 | 资本性资产 | 75 | 400 | 30 | 29 |
| 5 | 质量控制 | 1 000 | 475 | 475 | 451 |
| | | 5 195 | 411 | 2 135 | 1 696 |
| | 约等于 | | | | 1 700 |

## 7.6.3 整合人力资源

2001 年以前，美国 GAAP 认为整合人力资源满足无形资产的确认条件，并按照无形资产准则核算；但是在 2001 年以后，美国会计准则委员会认为整合人力资源不具备无形资产的确认条件，其原因在于正常的计量方法不能够确定脱手价格，因此产生的结果自然不是公允价值。然而，整合人力资源可以在无形资产计价时作为一项分摊资产，尤其商标权，因此需要确定人力资源的合理数量。成本途径和收益途径均存在估值整合人力资源的手段和技术（见表 7—6）。最常用的方法是单项资产的重置成本法，其包括：

- 招募和面试雇员发生的工资和津贴。
- 与雇员相关的管理费用和成本。
- 支付给猎头公司的费用。
- 招聘工作发生的直接成本，例如招聘广告和人员的差旅费。
- 学习曲线的存在，雇员的效率随时间慢慢提高。
- 员工的岗内和岗外培训费。

招聘、雇佣和培训员工发生的成本应该作为员工年薪的一个组成部分。学习曲线是指新雇员初始期的工作效率只有老雇员的 50%，新雇员需要经过一段时期才能达到高效率。若单位内部存在职位等级系统，那么该层级的薪金总额就是人员数量乘以该层级雇员的平均工资和津贴。表 7—6 列示了 Aria 公司管理层估计的每一层级员工的招聘和培训费用：结果显示，整合人力资源的费用约达

表7—6　　成本途径估计 Aria 公司的整合人力资源

| 职位等级 | 工资总额（千美元） | 招聘成本（%） | 培训成本（%） | 重置成本（千美元） |
|---|---|---|---|---|
| A1 | 185.5 | 5 | 10 | 27.8 |
| A2 | 255.8 | 10 | 15 | 64.0 |
| A3 | 455.1 | 15 | 20 | 159.3 |
| A4 | 291.6 | 20 | 25 | 131.2 |
| | 1 118.0 | | | 382.3 |
| B1 | 298.5 | 10 | 20 | 89.6 |
| B2 | 157.2 | 15 | 25 | 62.9 |
| B3 | 453.7 | 20 | 30 | 226.9 |
| D4 | 810.6 | 25 | 40 | 526.9 |
| | 1 720.0 | | | 906.2 |
| C1 | 836.6 | 20 | 35 | 460.1 |
| C2 | 591.6 | 25 | 50 | 443.7 |
| C3 | 845.4 | 30 | 50 | 676.3 |
| C4 | 427.0 | 35 | 50 | 363.0 |
| | 2 700.6 | | | 1 943.1 |
| D1 | 557 | 35 | 45 | 445.6 |
| D2 | 367.8 | 40 | 50 | 331.0 |
| D3 | 493.9 | 40 | 55 | 469.2 |
| D4 | 961.3 | 40 | 60 | 961.3 |
| | 2 380.0 | 40 | | 2 207.1 |
| 总计 | 7 988.6 | | | 5 438.7 |

5 440 000美元，占年度工资总额的68%。

## 7.7　结论

尽管 FASB 和 IASB 都倾向于活跃市场中的真实价格（第6章）或者是反映市场参与者预期的现金流折现的“现值技术”，但是成本途径为保证上述两种方法的合理性提供了必要的信息。

# 第 8 章 收益途径估计公允价值

对于那些不能使用数学方法进行减值的事物，我们知之甚少。这表明我们关于这方面的知识太少，也很迷惑。

——John Arbuthnot（1667—1735），英国数学家

本章我们将学习公允价值的第 3 种估值途径——收益途径，从某种程度上说，这也是最重要的估值途径。由于收益途径最为常用，有时收益途径也被称为“价值的基础”。每天在大多数报纸的企业专栏中都有市盈率的参考数值，因此现金流折现法（DFC）常常被投资银行所使用。

收益途径下有两种具体的方法。第一种方法可以追溯到 17 世纪，将当前的收益或者预期的收益资本化。起初资本化的收益是股利或者其他分红，如今该方法使用的收益指标则是当前或者下一年预期的每股净利润或者每股现金流量（通常使用每股收益），这一做法能够综合反映利率水平、涉及的风险以及预期的增长率。由于大多数读者熟知资本化方法，所以本章不多赘述。

第二种方法是将现金流折现法定义为一种更加复杂的现值估值技术。资产的现值是指在资产剩余使用寿命（具体参考第 7 章）内，现金流入和流出的现值之和。对于公司来说，剩余使用寿命通常被认为是无限的。一段时期内（通常为一年）现金流的现值是以考虑了利率水平、风险因素和长期财务预测涉及的困难后的折现率为基础，将现金流折现到估值日时的价值。预期的增长率要反映在预期的现金流当中。通常的做法是，首先预测前几年（通常为 5 年）的净现金流量，然后确定资产在使用寿命结束时的终点价值，最后将这些数值折现为现值。

## 8.1 资本化法

一种著名的估值方法是将预期收益资本化。该方法需要确定以市场为基础的资本化率，也就是市盈率的倒数。计算方法十分简单：如果市盈率是 12.2，那么资本化率就为 8.2%（100÷12.2×100%）。另一种确定资本化率的计算方法是戈登股利增长模型，该方法由 Myron J. Gordon 在 1962 年重新创造，以新的视角重塑传统估值技术。该方法强调资本化率要反映风险，同时也要扣除预期增长率。

上述方法使得为真实的上市公司估计一个恰当的折旧率变得容易。以著名企

业福特汽车公司的股票为例，不同于通用公司和克莱斯勒公司，福特公司并没有在 2008 年至 2010 年的经济衰退中破产。2011 年 4 月 26 日，福特公司的普通股在纽交所的收盘价为每股 15.66 美元，这一家族企业当天的市场价值为 583 亿美元。早在 2010 年，通用公司的每股收益为 1.91 美元，市盈率为 8.2，资本化率为 12.2%。美国的美林银行以一个市场参与者的视角预计了福特公司未来的每股收益：2011 年每股 2.11 美元、2012 年每股 2.12 美元、2013 年每股 2.33 美元。从 2010 年开始预期未来 5 年的每股收益增长率为 5.3%，则隐含的折现率为 17.5%（资本化率 12.2% 加上增长率 5.3%）。

本章稍后我们会讨论到加权平均资本成本（WACC）。美林银行基于市场折现率，估计福特公司的加权平均资本成本为 13.6%。2010 年，基于美林银行的数据，福特公司的资本回报率仅有 14.5%，这一数值预期会在 2011 年升至 20%，然后在 2012 年降至 13.4%、2013 年降至 12.6%。而在之后的几年内，福特公司就不会再创造股东价值。

在选择折现率时，我个人偏向于在全球资本市场中（参考第 6 章）从众多行业众多大公司中寻找可比对象。然后依据公司规模、增长率、风险和市场化率的差异，对选择的资本化率进行调整。除了寻找可比公司（并不是总能找到合适的企业）以外，组合法也是一个合适的选择。

### 8.1.1　组合法

获取资本化率的通用方法需要确定以下 6 个部分：

1. 无风险利率。通常使用某一国家 10 年期政府债券收益率作为投资有限公司的机会成本。

2. 权益风险溢价。股票组合（例如美国标准普尔 500 指数）获取的超过无风险利率的超额回报率是一个前瞻性的概念，被称为权益的风险溢价。由于不能预见市场的权益风险溢价，因此经常使用长期历史数据进行估计。许多国家的风险溢价数据可以在瑞士信贷集团、Morningstar 公司以及 Duff & Phelps 公司的数据库中获得。

3. 行业风险调整。资本资产定价模型使用股票的 β 值来度量行业风险，其中 β 值反映了股票价格的相对变动与该只股票所在的交易市场指数的关系。

4. 规模溢价。规模溢价反映了这样一个事实：投资者认为与大企业相比，规模小的企业经营面临的风险更大，因此投资者期望的回报率就应该更高。根据 Morningstar 公司的数据，对于在美国纽交所上市的公司来说，规模前 10% 的企业，其规模溢价为 -3.6%；而对于规模在后 5% 的企业来说，其规模溢价则为 9.5%。规模溢价的波动范围将近 10%。

5. 特定风险。由于不能准确估计非上市公司的 β 值，因此在不能使用 β 值估计行业风险时，资本化率就要进行必要的调整，以反映企业规模与行业特征，同时还要考虑与企业相关的特定风险。

6. 增长预测。表8—1举例说明了资本化率的最终确定要减去预期的收益增长率，其中增长率应当是未来5年内净利润的年度增长率的合理预期值。对于非上市公司而言，尽管最近几十年内企业的增长率指标保持较高水平，但是包含了通货膨胀率的净利润增长率很少超过5%。

表8—1 股票组合资本化率举例

| | 资本化率（%） |
|---|---|
| 10年期政府债券收益率 | 4.5 |
| 权益风险溢价 | 6.5 |
| 规模溢价 | 2.5 |
| 特定风险 | |
| 地理位置 | 0.5 |
| 产品范围 | 1.0 |
| 资本化 | 1.0 |
| 采用的技术 | 0.5 |
| 行业准入 | 0.0 |
| 利润边际 | 1.0 |
| 依赖性 | 1.0 |
| 环境影响 | 0.5 |
| 管理层 | 1.5 |
| 监管环境 | 0.0 |
| 小计 | 20.5 |
| 增长率 | (2.0) |
| 资本化率 | 18.5 |
| 市盈率 | 5.4 |

## 8.1.2 国际权益资本风险溢价

表8—2参照了瑞士信贷集团发布的“2011年全球投资者回报年度手册”数据，对全球19个国家近111年的权益风险溢价数据进行了整理。不同于Ibbotson公司和Duff & Phelps公司发布的数据，该数据剔除了通货膨胀率的影响。因此在使用该项数据估计资本化率时，应该将具体国家当期的通货膨胀率考虑进来。表格中的负值表明了近几年来政府债券市场的优异表现，从某种程度上说，这一结果的出现主要是由于各国政府在2007年以后普遍采取的反衰退政策以及中央银行降低利率的决策。

表 8—2　　真实权益溢价与债券的比较

| 国家 | 2001—2010（10 年） | 1986—2010（25 年） | 1961—2010（50 年） | 1900—2010（111 年） |
|---|---|---|---|---|
| 澳大利亚 | 2.7% | 0.5% | 3.5% | 5.9% |
| 巴拉圭 | -4.7% | 0.2% | 1.0% | 2.6% |
| 加拿大 | -0.9% | -0.7% | 1.7% | 3.7% |
| 丹麦 | 0.9% | 0.7% | 1.2% | 2.0% |
| 芬兰 | -7.3% | 4.6% | 4.6% | 5.6% |
| 法国 | -6.0% | 0.0% | -0.9% | 3.2% |
| 德国 | -4.3% | -0.8% | -0.1% | 5.4% |
| 爱尔兰 | -6.2% | 0.5% | 3.5% | 2.9% |
| 意大利 | -7.3% | -3.7% | -1.9% | 3.7% |
| 日本 | -5.2% | -5.3% | -1.4% | 5.0% |
| 荷兰 | -7.1% | 1.7% | 3.3% | 3.5% |
| 新西兰 | 1.1% | -4.5% | 2.2% | 3.8% |
| 挪威 | 3.1% | 1.1% | 2.8% | 2.5% |
| 南非 | 5.8% | 1.5% | 6.9% | 5.5% |
| 西班牙 | 1.3% | 4.6% | 3.4% | 2.3% |
| 瑞典 | 0.3% | 3.1% | 4.8% | 3.8% |
| 瑞士 | -4.2% | 2.4% | 2.1% | 2.1% |
| 英国 | -1.3% | 1.0% | 3.4% | 3.9% |
| 美国 | -3.9% | 0.9% | 2.6% | 4.4% |
| 全球平均 | -4.0% | -0.8% | 1.2% | 3.8% |

估计资本化率除了需要考虑低利率的意外上升以外，还需要考虑债券利率可能存在的康德拉捷夫长波周期（50~60 年）。在前 49 年里（1962—2010），美国 10 年期的国库券收益率经历了起伏变动，从 1962 年 1 月 4 日的 3.99%，攀升至 1984 年 5 月 29 日的最高峰 13.99%——在 22 年里上升了 1 000 个基本点（一个基本点等于万分之一），相当于每年上涨 45.5 个基本点。在 2010 年 10 月 6 日，收益率降至最低值 2.41%，在 26 年里下降了 1 158 个基本点，也相当于每年下降 44.5 个基本点。相似的上涨和下跌并不仅仅代表了两位数的波动率，同时也印证了捷克作家 Milan Kundera（1029—）的名言："幸福是有轮回的。"

2010 年，许多分析师调整了无风险利率，以此来反映美联储宽松货币政策的影响。避免过高权益风险溢价的另一种方法则是通过建立一个综合的无风险

10 年期利率来反映与股票相关的高风险，这一利率为 4.05%，计算过程是以两年期的国库券利率为起点（目前为 0.45%），然后在未来 8 年内每年增加 45 个基本点。

## 8.2 收益途径——折现法

收益途径首选的方式是将未来现金流量折算成现值，现金流折现的结果完全是一个预测的价值。如同其他估值方法一样，在所有的估值方法中，确定未来现金流量现值一个必要的条件就是保持内部的一致性，所选择的折现率必须要适合预测的现金流量。项目的现金流量不管是来源于经营，还是来源于投资、筹资，这些现金流量要么是利息费用扣除前的现金流量，要么是扣除所有成本和费用之后的净现金流量。这些现金流量包含的项目必须是与企业直接相关的，同时不同的项目要有不同的折现率。由于企业的管理层负责确定公允价值，因此选择现金流量时管理层必须在经营现金流量和净现金流量中做出合理的选择。

### 8.2.1 折现率

通常情况下，调整之后的折现率已经考虑了风险因素。例如福特公司的案例，风险因素潜在地包含于股票价格当中。与未来现金流量相关的潜在风险越大，调整之后的折现率就越高，现金流量的现值也就越低。在债券评级机构将债券分类之后，债券现值的估值也遵循上述过程。

2000 年，FASB 认为集中精力来确定考虑了所有风险因素的折现率是徒劳无益的；在不能将所有风险因素都考虑进来的情况下，折现率至少要包含与预测现金流相关的风险因素。为达到这一目的，有两种方法可供选择：第一种方法是 FASB 发布的《概念公告第 7 号——在会计计量中使用现金流信息和现值》中提及的预期现金流量；第二种方法是最近发展起来的可能性现金流量，类似于情景分析的使用（第 4 章详细讨论过）。由于上述两种方法并没有被普遍运用，因此本章对此内容不加以讲解。通常情况下，与所有者权益相关的现金流量应该以权益资本成本折现，而经营现金流量则应该以企业整体的加权平均资本成本折现。

### 8.2.2 加权平均资本成本

加权平均资本成本应用的一个前提假设是企业价值不受融资方式的影响，该概念是由诺贝尔经济学奖得主 Eugene Fama 和 Kenneth French 提出的。在应用加权平均资本成本时，需要通过剔除相关的利息成本和其他财务费用调整净现金流量，从而将企业的经营活动与融资活动区分开来。借款利息带来的税盾效应需要单独考虑，因此加权平均资本成本反映了债务税后低成本的优势。加权平均资本成本的计算需要考虑债务成本和参照企业的权益成本，同时也受到管理层预期的资本结构的影响，因此加权平均资本成本的数值随时间变化。

***加权平均资本成本的计算***

加权平均资本成本的计算需要3个数值：

1. 权益成本；
2. 投入资本的比例；
3. 债务的税后成本。

计算公式为：

$$WACC=[1-D/(D+E)]\times Ke+[D/(D+E)\times Kd\times(1-T)]$$

其中：

Ke＝投资者要求的权益资本回报率

Kd＝预期资本结构下典型企业的债务成本

D＝债务的公允价值

E＝所有者权益的公允价值

T＝实际所得税税率

企业经常使用近似值来确定债务和所有者权益各自的比重。对于评级结果好的公司来说，可以使用浮动利率的名义值和固定利率的平均值（最长5年）作为债务成本的估计值。长期债务的固定利率通常反映的是考虑了企业信用状况之后的合计数。所有者权益的公允价值可以通过市场途径或者构造市场组合的方法获得。如果企业重新举债或者偿还债务，那么债务和权益在资本结构中所占的比例就需要重新计算。实际操作中通常假设举借新债偿还旧债，这一做法对于企业整体而言有可能是真实的，但是对于特定的报告单位和现金产生单位而言，这一做法是不可能存在的。

表8—3举了一个简单的计算加权平均资本成本的例子。

表8—3　**加权平均资本成本简化计算**

| 类别 | 公允价值（千美元） | 份额（%） | 成本（%） | 数额 |
| --- | --- | --- | --- | --- |
| 银行借款 | 500 | | | |
| 债券 | 2 030 | | | |
| 债务总额 | 2 530 | 44.4 | 3.3[a] | 1.46 |
| 所有者权益 | 3 170 | 55.6 | 16.3[b] | 9.06 |
| 投入资本总额 | 5 700 | 100 | | 11.52 |

注：a 税后利率，税率36%。

b 通过组合方法获取。

上述平均资本成本的计算方法适用于大部分的制造业和服务业企业，但是对于刚创建的公司或高科技公司来说，则需要使用非公开市场数据和风险资本回报率作为权益资本成本的参照值。

***杠杆效应对加权平均资本成本的影响***

当低成本的债务比例上升、高成本的权益资本比例下降时，加权平均资本成本则会下降。然而企业的公允价值并不会随着债务的增加而增加，这是因为企业的风险会随着债务比例的上升而上升，最终导致债权人要求的权益回报率也增加。有时通过举借债务而导致的加权平均资本成本下降并不能抵销权益资本的高成本。大多数的估值者认为加权平均资本成本应该保持在行业最佳值上下5%的波动范围内。如果企业的资本结构发生了重大的变化，例如债务迅速增加，那么企业涉及的风险和所有者要求的回报率也要进行适当的调整。

***加权平均资本成本的变动***

报告单位或者现金产生单位进行资产价值测试时，管理层需要依据时间灵活调整加权平均资本成本，同时也要考虑可能影响债务成本和权益成本的众多因素：

- 不常见或者暂时的情况。例如，当杠杆公司中债务比例迅速下降时，债务和权益的成本起初会处于高水平，之后便会大幅下降。
- 利率发生变动的期间。例如，短期债务展期为长期债务。一段时期之后，利率水平又会恢复到初始水平（随着项目的增加，利率也会逐渐上升）。
- 权益回报率低于长期债务利率的期间。例如，20世纪90年代曾经出现过此种情况。

公司、报告单位、现金产生单位或者诸如不动产这样的特定资产项目以债务和权益混合方式融资，以加权平均资本成本作为折现率较为恰当。由于无形资产通常不以债务方式融资，所以经常使用调整之后的权益成本进行估值。如果企业获得新的借款，就需要根据与企业自身相关的债务修正加权平均资本成本。

### 8.2.3 选择资本结构

当运用加权平均资本成本时，估值者需要对企业的资本结构进行假设。企业的资本结构通常有3种基本的选择：保持目前的资本结构、管理层预期的资本结构、债务到期或者企业不能再融资导致的债务比例下降。报告单位或者现金产生单位在计算加权平均资本成本时选择的资本结构会对公允价值产生影响，这种影响主要体现在两个方面：第一，对折现率产生影响；第二，对非经营性资产的范围产生影响。

如果报告单位或者现金产生单位持有大量现金或者有价证券，那么管理层就需要预算未来企业是否需要营运资金，并且在企业独立的状况下，管理层可以考虑将非经营性资产的一部分分配给股东。分配给股东数额的大小取决于许多因素，包括举借新债的能力和银行给企业贷款的意愿。资本结构的选择对加权平均资本成本的计算至关重要，但是对使用者权益折现率的计算并不产生影响。

## 8.2.4 私有市场回报率

与现金流风险和企业性质风险相关的事实、预期和假设通常都会反映在折现率当中。根据美国佩普丁大学 John Paglia 的研究结果，表 8—4 显示了在 2010 年美国的私有权益和风险资本权益回报率（折现率）极其盛行。

表 8—4 私有权益和风险资本权益回报率

| | 年度回报率 | | |
|---|---|---|---|
| | 1/4 | 中值 | 3/4 |
| 私有权益 | | | |
| 1 000 000 美元（EBITDA） | 25.0% | 30.0% | 30.8% |
| 5 000 000 美元（EBITDA） | 25.0% | 30.0% | 30.0% |
| 10 000 000 美元（EBITDA） | 24.5% | 30.0% | 31.3% |
| 25 000 000 美元（EBITDA） | 25.0% | 28.0% | 30.0% |
| 50 000 000 美元（EBITDA） | 22.0% | 25.0% | 30.0% |
| 风险资本 | | | |
| 萌芽期 | 30.0% | 50.0% | 100.0% |
| 起步期 | 30.0% | 40.0% | 75.0% |
| 早期 | 25.0% | 35.0% | 50.0% |
| 扩张期 | 20.0% | 30.0% | 40.0% |
| 后期 | 20.0% | 30.0% | 30.0% |
| 美国制造业企业的实际加权平均资本成本 | | | |
| 1 000 000 美元（EBITDA） | | 18.6% | |
| 5 000 000 美元（EBITDA） | | 17.6% | |
| 10 000 000 美元（EBITDA） | | 16.6% | |
| 25 000 000 美元（EBITDA） | | 16.4% | |
| 50 000 000 美元（EBITDA） | | 9.9% | |
| 100 000 000 美元（EBITDA） | | 8.1% | |

过去的几十年里，出现过数次这种情况：短期债务利率和长期债务利率大幅下降，并在较长时间内保持低水平。然而，小型私有企业的投资者要求的回报率并没有和低利率水平保持一致，从某种程度上说，投资者在资产组合的资本化率中考虑了较高的价格风险，例如：

- 依赖少数产品。

- 收益增长率的波动。
- 产品开发状况。
- 技术的优势和劣势。
- 竞争。

## 8.3 终值

正如第 5 章讨论的“预测即将发生的事情”，任何人都很难编制超过 5 年的财务预算和规划。因此，现金流折现模型通常包括两个阶段：第一阶段分别对前 5 年中每一年进行预测，第二阶段则是估计资产剩余使用寿命内产生的现金流量在第 5 年的现值。

计算终点数值最常用的一种方法就是戈登股利增长模型，该模型在本章的前面已经讲过。该方法要求将预测期之后每年的净利润（不是现金流量）按照适当的折现率进行资本化，最终得出企业在预测期终点的预期价值。

此外还有两种常用的方法。第一种方法适用于增长率在期末依旧保持高水平，例如8%或10%，但是预期增长率在未来又会很快变回正常、合理水平（大约每年 3% 左右）的情形。此种方法要求估值者额外增加一个预测期，在该预测期内假设增长率每年以 0.5% 或者 1% 的水平下降，直到增长率达到稳定状态。最后使用戈登股利增长模型将净利润折现，得出待估计项目在预测期终点的价值。

第二种方法主要适用于高科技公司，该方法假设主要资产（例如，专利）在剩余使用寿命期末没有价值，并且在预测期末（例如假想的清算日）把有形资产的净值作为资产的终点数值。

在选择适用的权益折现率时，企业的管理层需要考虑为确定终值所选择的技术。根据投资者对行业的偏好以及整体经济形势的看法，不同投资者选择的折现率差异很大。对于那些收益低于 1 000 000 美元的小企业、独立业务单位、报告单位或者现金产生单位来说，投资者往往会要求较高的折现率。

第 4 章用一个简化的现金流折现模型说明了管理层对市场参与者假设的差异对计算公允价值产生的影响。现金流折现模型的特征主要依赖于企业的性质，但是要注意一点，诸如按照市价计量资产这样的活动产生的未实现利润包含在净利润之中，但是要剔除在现金流之外。所有的资产减值都需要特别关注，从而确定其影响，尤其是对未来现金流量的影响。

在大多数情况下，每年的现金流折现在年中进行，此时假设资金在后半年的增长方式与上半年相同。对于那些现金流会在最后一个季度发生偏离的零售商和其他组织来说，现金流折现应当在年末进行。

如果忽略企业融资方式的影响，那么经营现金流量折现价值是对资本化利息、税收、折旧、摊销前的经营利润和资本化利息、税收、折旧、摊销、研发前的经营利润的补充，是获取企业价值的一种重要手段（具体见第6章）。

## 8.4　无形资产应用举例

无形资产产生的现金流量完全取决于它的剩余使用寿命。如果剩余使用寿命长于预测期间，那么需要确定无形资产在预测期终点的价值；但是当剩余使用寿命较短时，可以延伸预测期，使其包括剩余使用寿命。在现金流折现时，需要选择一个恰当的折现率。折现率通常不使用企业的加权平均资本成本，而是会在考虑利率水平的基础上，反映与资产相关的潜在财务风险和经营风险。通常，折现率会通过组合法构建，并保持在企业权益成本的120%～150%之间。

### 8.4.1　财务风险与经营风险

折现率应该考虑与无形资产和经营活动相关的特定财务风险与经营风险。具体包括：

- 行业前景。
- 资产特征。
- 资产的可替换性。
- 准入机会。
- 企业的财务风险。
- 现有经营业务的多样性。
- 企业管理的深度。
- 资本市场的准入。
- 地域的多样性。
- 与发挥作用的资产相关的风险。
- 为企业经营服务的时间。

### 8.4.2　选择无形资产折现率

企业资产的折现率，尤其是无形资产的折现率，变化很大。对于已经研发完成、广泛应用的专利技术来说，折现率可以选择行业的平均水平；但是对于那些退化速度快的新兴高科技领域来说，折现率的选择类似于风险资本要求的回报率。确定折现率通常需要两个步骤：首先，企业的管理层需要选择一个与企业整体的权益相适应的折现率，然后识别、量化与企业相关的或者与市场中类似项目相关的风险，最终确定一个具体的折现率数值。

从概念上说，企业选择的折现率被视为是企业各项资产折现率的加权平均数。各项资产的折现率差异较大，例如，现金资产的折现率较低，而商誉的折现率却非常高，甚至是最高的。折现率可以通过现存的资本化率加上预计的年度平均增长率得到。

### 8.4.3 资产的加权平均回报率

加权平均资本成本是在税后计算的，资产的加权平均回报率是税前的一种度量方式。但是，资产的加权平均回报率却是选择企业折现率的一种有用参考数值。对资产的加权平均回报率进行分析时，每一项资产都需要根据风险确定各自的市场回报率，然后在此基础上确定企业整体的回报率。通常情况下，与商誉相关的剩余回报率要高于其他资产。

**例子：格兰奇照明设备公司的加权平均资产回报率**

并购格兰奇照明设备公司之后，购买方的管理层认为新合并的格兰奇照明设备公司存在许多未记录的资产和商誉。这些未入账的资产主要包括已经完成折旧但是存在后续价值的模具以及诸如企业商标、客户关系、购销合同、核心技术这样的无形资产。这些资产中的任何一项都不可能单独出售给购买者，除非转让整个企业。

并购时，格兰奇没有借款，现金水平适度。预测格兰奇公司未来的净利润将保持在每年 800 000 美元，选择 10% 的资本化率，因此本次并购的价格是 8 000 000美元。在缴纳 36% 的所得税前，公司获得的税前利润为 1 250 000 美元，同时相关的税前投资回报率为 15.6%，也就是企业整体的加权平均资产回报率。

尽管这些无形资产、商标、客户关系、核心技术、购销合同都是潜在可转让的，但是面对进口的竞争，分析这些无形资产表明这些资产面临的风险要比企业整体风险高。购买者将购置价格在资产间进行分摊，从而确定资产的公允价值，具体的分配结果见表 8—5。

表 8—5 **平均资产回报率调整**

| 资产 | 公允价值（千美元） | 回报率（%） | 税前收益（$ 000） |
|---|---|---|---|
| 流动资产 | | | |
| 现金及现金等价物 | 110 | 1.5 | 1.7 |
| 应收款项 | 1 150 | 7.0 | 80.5 |
| 存货 | 1 080 | 8.0 | 86.4 |
| 预付款项 | 100 | 9.0 | 9.0 |
| 流动资产合计 | 2 440 | 7.3 | 177.6 |
| 非流动资产 | | | |
| 固定资产 | 1 850 | 11.0 | 203.5 |

续表

| 资产 | 公允价值（千美元） | 回报率（%） | 税前收益（$ 000） |
|---|---|---|---|
| 模具 | 750 | 13.0 | 97.5 |
| 无形资产 | | | |
| 商标 | 800 | 17.2 | 137.6 |
| 客户关系 | 1 250 | 17.2 | 215.0 |
| 核心技术 | 1 000 | 17.2 | 172.0 |
| 购销合同 | 230 | 15.6 | 35.9 |
| 商誉 | 1 030 | 20.5 | 211.0 |
| 资产总计 | 9 350 | 134 | 1 250.0 |
| 流动负债 | （1 350） | | |
| 购买价格 | 8 000 | 15.6 | 1 250.0 |

### 8.4.4　增量收益

增量收益方法能够确定无形资产的价值，首先通过比较找出其他企业不具有的经营业务并计算出企业由此项业务获取的经营利润，然后确定利润来源的资产，最后通过恰当的折现率得出资产的价值。该种方法不会作为估值的首选方法，因为该方法要求复杂的假设、详细的比较以及无数的主观判断。

### 8.4.5　控制权因素的调整

在估值中，评估师经常讨论到也常常遇到过许多这样的实例：现金流折现价值代表的是控制权利益还是非控制权利益，控制权溢价（在某些情况下是控制权折价）是否应该使用。另一个相关的问题则是当主体不可能获得控制权时折现率是否恰当。由于控制权溢价经常会超过20%，因此控制权与非控制权之间的差异在很大程度上会影响最终确定的公允价值。

第三方是否愿意为企业控制权支付溢价取决于很多因素，其中最重要的一项因素则是购买者提高企业经营的能力，这种能力的提高要么来自于企业对所有市场参与者的协同效应，要么来自于某些特殊的因素，诸如适合特定购买者使用的邻近资产。为了确定现金流折现价值是否需要体现控制权溢价，估值者有必要了解企业潜在的表现，在可能的情况下，还要考虑市场参与者对他们支付溢价的看法。

虽然公允价值是基于市场参与者的预期，但是有关公允价值的财务预测应该包括100%的预期经营现金流量，同时也要与管理层就企业的经营、再投资和预期分配的决策保持一致。并购的估值应当包括市场参与者从企业合并产生的协同效应中获取的收益。

现金流折现法运用适当的折现率将预期现金流量折现，它反映了货币的时间价值，也反映了与现金流不确定性相关的系统风险（不能通过多样化分散的风险），同时也涵盖了债务杠杆和资本结构两个概念。由于只有公司的控制人才可能影响公司获得协同效应的政策和决定，因此控制权产生的收益（增量收益）需要包含在财务预测之中。由此，我们认为现金流折现法反映的价值是包含了控制权的公允价值。

# 第9章　价值的来源——利润

创新区分了领导者与跟随者。

——Steve Jobs（1955—2011），美国企业家

无数总裁们提出了一个永恒的问题“我们怎样才能提高公司的价值?”答案只能有两个——通过加快预期增长或降低风险，或增加收益/利润/现金流或降低资本化率或折现率。前者更为明显，因为增长主要由于创新或是撤销了亏损的经营项目和客户群，能够同时提高利润并降低资本化率。本章就介绍等式的利润方面，下一章将涉及风险。

## 9.1　企业结构

几乎每一家企业都有一套现成的操作流程，大部分企业也都存在新兴的经营活动及未来的机遇；正如之前在第4章讨论的，这些都是价值的来源。新兴的经营活动是指那些在形成企业过程中的项目。一个常见的例子就是，在产品正式发布之前，正在检测的研发项目（IPR&D）；其他的比如有计划的生产线扩充或是向新的区域市场扩充。未来机遇显得更加朦胧，但一定包括为获利而作出的早期创新构想，这些构想还远未得到证实，还有潜在的新产品或新服务以及在调查过程中的新市场。后者可能会变成“空中楼阁”，也就是没能发展成一家企业，但如果它成功了，也许会对整个企业产生潜在的重要影响。

在形成一个报告单位或现金产生单位的公允价值时，所有的成本以及任何与新兴的经营活动或未来机遇有关的补偿都应该从现有的经营数据中予以剔除。如果它们自身金额比较大，它们应该单独评估，在考虑它们的可能性时通常会运用一些实物期权技术。

## 9.2　创新

创新是一项如果运气好的话，能够为企业从事的活动提供无形资产的过程。尽管因为创新是内部产生的，所以永远不会计入到财务报表中。创新还会降低报告利润但通常会增加公允价值。本部分介绍的3个阶段过程是所有创新活动的基础，就性质而言它也包含了重大风险。这些资料是以文章《价值取得的3个阶段》（*The Three Phases of Value Capture*）为基础。这篇文章是由Boonz & Company，

一家国际咨询公司的 Rhonda Germany 和 Raman Mualidharan 发表在 2001 年第一季度《战略和商业》(*Strategy + Business*) 杂志上。

在许多领域，创新都是未来机遇及新兴的经营活动的一个关键部分。因此，它对于管理层了解整个项目也是至关重要的。为了帮助我们所有人创新，Generate 公司（一家咨询公司）建立了创新世界数据库（www. generatecompanies. com)。它的两个部分"创新的最好实践"和"创新专家"，是对创新方法、研究、文献资料和趋势的全面收集。它有助于帮助世界更好地理解什么起作用、什么不起作用。在作初期阶段公司的分析时它通常是有帮助的。

## 9.2.1 第 1 阶段：证明可能性

证明可能性是创新过程的第 1 阶段。在这个阶段，新产品/项目/服务被开发、测试并引入市场。通常来说，早期的接受者会采用它；然而，从表面来看有时这并不成功。它的有用性可能是分散的、不集中，因而直到未来的某一时刻都不会有预期利润产生。例如，20 世纪 90 年代，当通用电气公司开发了一种用于生产汽车缓冲器的轻质且牢固的塑料时，它发现行业中现有的大多数铸模机都没有生产这种塑料的能力。因此，为了开发一种基础设施，它不得不与众机械制造商们合作。这种基础设施让所有的参与者——树脂供应商、造模者、零部件制造商和汽车组装者——共同协作来实现重量更轻、成本更低、改善燃料消耗的优势。

早期接受的客户会提供一些有价值的反馈，这将有助于管理层提升能力、开发资源以及创建分销渠道。在本阶段，创新者们可能会免费地共享信息而不去注意谁拥有这些知识产权。例如，在个人电脑早期，一个不知名的人窃取并散布了 Bill Gates 和 Paul Allen 为他们刚起步的微软公司写的 BASIC 机器语言。有一种称为 Altair 的早期电脑，它的电脑爱好者、电脑迷们被公司这种销售而非无偿让出这个至关重要工具的行为惹恼了。

从长期来看，创新者们拥有更高的成功概率，如果他们有远见和原则能把这些创新打造成一家获利的企业。在第 1 阶段，一个关键的因素就是迅速地确定哪里能够获利以及怎样促进增长。一家公司必须选择追求何种技术、产品及市场，必须选择使用决策树法或是实物期权法进行技术分析，它们均不在本书的范畴之内。

## 9.2.2 第 2 阶段：定义企业

在第 2 阶段定义企业时，实体必须确定供应链中哪个位置最有可能实现价值。在过去，可以依赖其他人接触不到的信息通过控制一项专利或是客户渠道获利。在生产导向型经济时代，它能在数十年里创造竞争优势。就当前而言，这种情况和与之相关的利润仍然存在但会持续的很短，也许只有几个月。因此，保护知识产权与实现满意的回报变得十分必要与关键。

日益标准化、严格的知识产权法与支持的公共政策都是本阶段的一部分。例如，在20世纪20年代，美国的无线电行业技术就被标准化了并且广播许可证的数目也被限定了。与音乐家工会谈判版税的电视台老板创建的知识产权框架能够让刚刚起步的企业随着现有的强大的唱片行业一道蓬勃发展。

由于市场会选择特定工艺，因此市场参与者的数目会渐渐减小，留下来的参与者之间的竞争更加激烈，他们必须保持向行业扩张与确保自身地位需要的平衡。这可能是棘手的，他们应该瞄准更高的销量或更好的利润。公司必须掌握好供求关系以供其决策，这在一个不断变化的环境下是很困难的。

许多机构会因需要快速资金或短视而在达成交易时放弃很多。例如，IBM公司认为个人电脑像大型机一样，最高的利润份额会产生在品牌的硬件供应方面。因此，它将操作系统割让给了Microsoft公司，IBM的退出帮助它的供应商成为一家在世界上有主导地位的公司。

在这个阶段，公司必须对行业会怎样发展有一个认知。虽然传统的战略计划很难，但是管理者应该谨记经营的原则与流程决定了谁会赚钱、如何赚钱以及赚多少钱。

***盈利策略***

在本阶段，一家成功的企业对市场发展保持敏锐观察并以获利为目标是十分关键的。通常，这包含了以下5种战略中的一种。

1. 改进。谁能提供更好的产品性能，谁就能获得成功。它工作完成的更快吗？它能做别的事吗？新技术的价值要高，并且转换的壁垒要低。在一些科技行业（例如，磁盘驱动器）中，技术的频繁变动使得新加入者有机会超越行业领头人。在其他行业里，例如微处理器，主要的竞争者能够持续创新从而保证地位，甚至将其成功产品的销量分给不断推出的项目，使得这些产品很快变成市场的销售榜首，与此同时，它还能向消费者传递降低成本的信息。

2. 价值。谁能生产出一个“不能没有”的产品，谁将获胜。即使产品没有经过充分开发，快速走向市场也是很关键的。尽管新技术是有价值的，它们也可能在顾客更换产品的意愿上遇到实质性壁垒。更换通常涉及成本，这给之前的胜出者提供了很强的持续优势，纵然其竞争者提供了有吸引力的性能或是更低的价格。虽然WordPerfect软件已经问世多年，但是微软办公软件由于其集成功能，已经增添了足够的价值使其成为行业标准。

3. 组合。谁能提供最好的价格/服务组合，谁将获得成功。这需要一个界限清楚、进入壁垒有限、接近完美的商品或（和）服务市场。胜出者开发企业系统以满足市场需求，达到测试中可能达到的最好质量并推出它们。例如，西南航空建立了一个网上预定系统主要面对短途的、关心预算的市场。

4. 基础设施。谁拥有有形资产或是销售网络，谁将获得胜利。航空公司的起降时段、有线电视公司的电线，或是石油公司的零售店使转换变得几乎不可能。因此，相较于规则来说，创新是一个较弱的威胁，尽管依靠这样的保护会导致自满。

5. 成本。能向顾客提供最优惠价格的企业将会胜出。在供应商更换没有壁垒的情况下，能够降低成本的新技术是一个宝贵的优势。这些年来，许多大宗化学品公司一直坚持降低成本。

### 9.2.3 第3阶段：最大化回报

第3阶段的目标在于最大化回报。它是不断地加强以客户需要为中心，可能会持续很长时间。在过去，它主要包括有效地实施计划、低成本、高效率、利用定价机会与向新市场提供产品。现在，公司必须不断地创新并且抓住任何一个短暂优势所创造的微弱利益。重点在于投资所带来的最大回报。没有时间休息，正如“除了改变，生命中没有什么是一定的”——美国喜剧演员 MelBrooks (1926—)。

实现客户的期望要求公司要与供应商、零售商和客户建立起紧密的联系；目标在于让每个人都成为供应链中的一部分。这需要在企业系统上创新，利用对客户需求的认识来开发不同回报/风险比率的产品组合。正如哈佛商学院的 C. K. Prahalad 和 Venkatram Ramaswamy 所言，“市场已经成为一个客户在价值创造及竞争中扮演积极角色的平台”。

### 9.2.4 价值星系

创新在所有行业都是重要的，尤其对那些技术导向的行业，信息的快速传递迫使行业不断适应。供应链的选择能够使企业重新思考如何获取市场、需要拥有什么以及怎样与供应商和顾客打交道。这些方面的错误会对企业价值产生严重的影响。

变化的速度会这3个阶段的结果产生明显影响。创新（如微处理器、网络、磁光盘、基因组学）主要依靠信息正改变着几乎每一个行业，现在的信息是丰富的、无处不在的、迅速并且低廉的。在1991年诺贝尔经济学奖获得者罗纳德·科斯所著的《公司的性质》（*The Nature of the Firm*，1937年出版，《经济学刊》第4期，第16篇）中总结到用交易成本来定义企业的边界：“公司将会一直扩张，直到公司内部组织一项额外交易的成本等于公开市场中实现相同交易的成本。”

现在很普遍地认为，成本很大程度上由这些信息的可获得性决定：谁能提供需要的商品？它们能生产出要求的数量吗？价格是多少？能否提供更好的条件？能达到出众的质量吗？能够保证更快地运送吗？

信息难以取得或是有瑕疵都会带来高额的交易成本，随之引发公司间的纵向一体化。曾经，通用汽车内部生产零件的成本比在全球范围内寻求低廉供应商的成本低。如今，由于共享并使用信息的成本降低了，根据科斯博士的理论，公司有强烈的意愿集中精力于核心功能并将其他活动外包给最适合的供应商。

其结果就是现在供应链加入了联盟形成了价值星系。最善于捕获价值的机制通常位于单个公司以外，然而由主宰公司创造的价值（例如 Intel 公司）仍然是整个行业的关键。

### 9.2.5　宝洁方法

2011 年 1 月份，在新加坡举行的主题为“亚洲加速全球创新”的专题研讨会中，宝洁公司（P&G）的首席技术总监及创新项目的带头人 Bruce Brown、A*STAR研究所的常务董事 Low Teck Seng、宝洁公司的亚洲研究开发的副总裁 Maurizio Marchesini、美敦力管理公司的地区主管 Shamik Dasgupta、新加坡国立大学的 C. C. Hang 教授，以及宝洁公司亚洲总裁 Deb Henretta 都起到了重要作用。会中就亚洲及全球公司面临的普遍挑战展开了广泛讨论，可以用 8 个短语来概括：

1. “了解顾客并深入顾客。” Brown 博士用它来描述宝洁公司将怎样达到它所提出的 2012 年服务 50 亿消费者的目标（增长 8 亿）。本地化的调查活动是一个关键组成部分。

2. “一个红点。” Low 先生用这个词来表明新加坡在地图上的样子。他强调国家领土面积小能使其更敏锐，提醒大家有时约束条件也能促进创新。

3. “佛罗伦萨。” Marchesini 博士提到了新加坡与文艺复兴时期佛罗伦萨之间的相似之处，二者都有自由流动的思想以及纪律的碰撞。他强调解决棘手的问题需要学科间搭配，这样人们能以新方式进行合作。

4. “简化工艺与新的经营模式。” Dasgupta 博士称这两个要素对于像印度和中国这样的颠覆性增长的市场是至关重要的。

5. “非消费者。” Hang 教授用这个词来回答在亚洲颠覆性的增长存在最佳机会的问题。他指出 2010 年中国卖出了超过 20 000 000 台电动自行车，多数购买者是妇女和其他非传统的汽车购买者。

6. “尽可能普通，因需要而不同。” 这是 Henretta 女士介绍的她应对亚洲市场的方法。她指出了不同市场的消费者之间实际的差异。例如，对于许多亚洲人来说，美丽意味着皮肤白皙，而对于大多数美国消费者而言，棕褐色的皮肤是美丽的。使用合适的尺度能够帮助像宝洁这样的公司实现全球性的全部潜力。

7. “不明显的干扰。” Marchesini 博士讲述了宝洁公司如何在使衣物香味持久的 Downy 品牌下使用微胶囊技术销售产品的。像菲律宾市场，这就给承担不起高端香味的消费者带来了气味的好处。

8. “变革。” Henretta 女士强调在当前经济情况下，应对掌握创新过程中的许多内在挑战时变革过程的重要性。她提出了一个有趣的事："您要确保您的员工反映了您要服务的消费者的需求。"

## 9.2.6 价值图

每一位经理都生活在一个不断运动的世界里，经营一家企业的同时计划着去提高它的价值。每一天都意味着艰难的决定、制定方向、配置资金、推出新措施以提高性能并创造价值。价值图传递了创新的影响并且帮助每一个相关的人关注正确的事，通过图表的视角表明应该做什么以及为什么这么做。

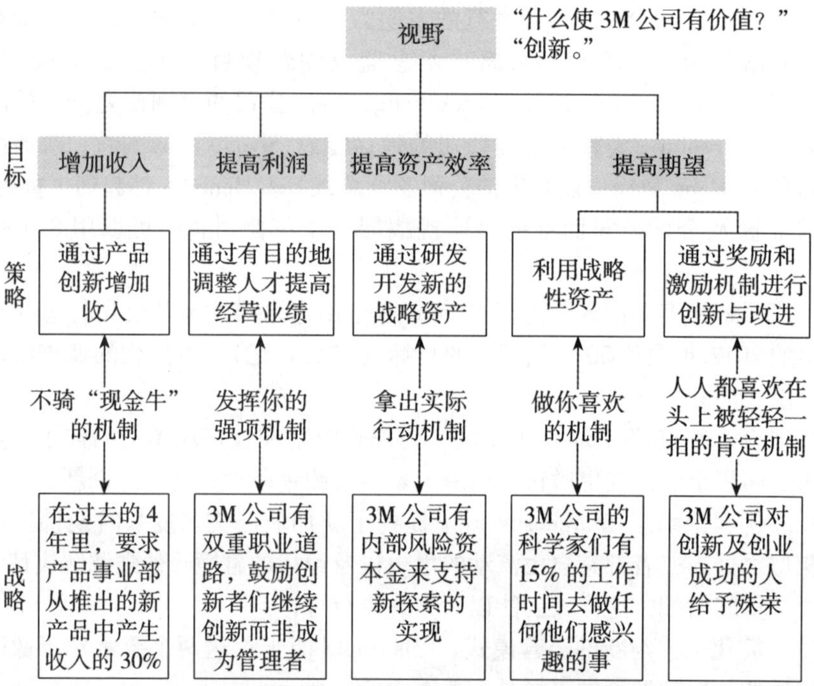


**图9.1　3M公司20世纪90年代的价值图**

来源：James C. Collins, "Aligning Action and Values," *Leader to Leader*1 (Summer 1996): 19-24.

图9.1显示了3M公司的价值图，3M公司是一家主要靠创新驱动的美国制造商。最上面一行"视野"的下面设计了4个目标来定义几个行动：增加收入、提高利润、资产效率及期望。在"增加收入"和"提高利润"下面是实现的过程。更好的经营业绩是使经营过程产生收入以及控制成本更为迅速、更为有效的结果。"提高资产效率"这一列除了通过创新研发出新的战略资产外，还要求增加营运资本以及房地产、厂房和设备使用的效率和效果。在"提高期望"下面，管理层及员工能力是一家公司一直适应不断变化的商业环境的一个关键因素。

最下面一行显示了战略，有两种行动基本类型。第一种是改变你做的事，更换战略以及重新调整资源。最大化价值需要关注能从可取得的资源中获得最大回报的活动——盈利的产生线中一项更高的投资，中断利润较低的产品和服务以及增加对高价值客户的关注。

第二种行动类型是去做你能做得更好的事。提高执行力的两种途径分别是精简或改进流程或是提高涉及人员及技术的有效性和效率。公司可以做许多事情来提高业绩，不用尝试所有的这一切；仅仅关注最为重要的即可。在战略层面上，在行动中设定优先级，这取决于当前的经营业绩、资产的生产能力、经营能力以及公司在某一个特定领域实力强大的价值。

## 9.3　杜邦分析法

另一个能够证明创新效果的方法就是杜邦分析法。在 20 世纪的早些年，美国的杜邦公司，当时世界上最大的多元化的化学公司的管理者们开发出一些工具来追踪企业的财务业绩和经营业绩。它是将利润率和资产周转率看做是资产收益率的组成部分。在它的基本形式中，净利润加上利息、税额后得到杜邦公司称为“投入资本的净收入”的金额。这样做的目的是避免一项活动的业绩衡量受到它的融资方式的影响。应用这种分析是得到提高企业资源使用效率能够获得更高收益的另一种方式。公式为：

净经营资产收益率 = 利润率×资产周转率

利润率 = 息税前利润/收入

资产周转率 = 收入/净经营资产

这个概念就是收益率能够通过在不增加新设备或额外资产（更有效）的情况下，有更高的利润率（更有效果）或是增加销售额。

### 9.3.1　利润率驱动因素

在运用杜邦分析法分析一个报告单位或现金产生单位时，建立起单位的利润率驱动因素是十分重要的，例子如下所示：

**销售**

- 市场趋势。
- 顾客反馈。
- 广告及营销项目。
- 产品线扩展。
- 成交量模式。
- 定价力量。

**直接成本**

- 产品设计。

- 生产能力。
- 生产效率。
- 原材料的选择。
- 人力资源形势（成本或刚性）。
- 间接费用利用比率。
- 目前使用中的技术。
- 外包。

***经营费用***

- 仓储与配送。
- 运输。
- 销售组织。
- 行政方面。
- 管理费用。

***所得税***

- 降低策略。

每个因素都应该按照优势、劣势、机会和威胁（SWOT）几方面进行评估，并相应地做出公司的战略计划。分析这些因素时联系经营杠杆（固定成本与总经营成本之间的关系）和财务杠杆也是很重要的。

## 9.3.2 资产周转率的决定因素

多数经理和评估师都重点关注利润表而往往忽略了有效利用资源的重要性——反应在资产周转率上。下面列表中包含了利用现有设备和营运资本增加收入或是降低财务、实物及人力等资源时需要考虑的因素。这项分析应遵循 SWOT 技术，而 SWOT 分析不在本书的范围之内。

***应收账款***

- 客户群。
- 行业惯例。
- 收账政策。
- 折扣及折让。
- 开票流程。
- 损失暴露程度。
- 房地产、工厂和设备目前的能力。
- 消除瓶颈的项目。
- 生产和调度效率。
- 仓储系统。
- 资本投入。

- 供应商的可靠性。
- 生产或购买的选择。

*存货*

- 供应商的能力。
- 及时生产程序。
- 采购制度。
- 储存成本。
- 生产计划。
- 配送能力。
- 客户忠诚度。
- 缺货风险。
- 过时的威胁。

*无形资产*

- 品牌管理。
- 服务合同。
- 支持和服务要求。
- 系统性能。

*应付账款和利息*

- 供应商基础和购买能力。
- 支付政策。
- 折扣与折让。
- 可用信用额度。

### 9.3.3 成本途径下应用公允价值

在评估一个报告单位或现金产生单位时，依靠 GAAP 或 IFRS 计算的资本回报率可能会导致错误的结论，因为是基于经营资产的账面价值。杜邦分析法在管理层不按指导单位来评估报告单位或是现金产生单位时是有用的。

该技术能为用重置法得到的价值结论提供实际支持，它能证明经过有关风险调整的净资产收益率是合理的。在采用杜邦分析法分析用成本途径获得的价值时，确定一些标准参数的公式如下：

$$\text{净资产收益率}=\frac{\text{税前收益率}\times\text{资产周转率}}{\text{杠杆率}}$$

$$\text{税前收益率}=\frac{\text{税前利润}}{\text{重置成本下的总资产}}$$

$$\text{总资产}=\text{金融资产}+\text{实务资产}+\text{持续经营的部分}+\text{有效的商誉}$$

$$\text{杠杆率}=\frac{\text{重置成本下的股本}}{\text{重置成本下的总资产}}$$

正如在第5章“预测即将发生的事情”中讨论的那样，多数公司会隐藏损失。根据乔纳森·伯恩斯（Jonathan Byrnes）所著的《利润群岛中的一滴红墨水》（*Islands of Profit in a Sea of Red Ink*，2011），每家公司的业务至少有35%，不论是从账目上、生产、交易或是其他衡量方法都是没有利润的。这种情况被超过20%的业务因为交叉补贴损失而获得足够的盈利所掩盖了。

管理层总是很关心盈利。对于一个报告单位或是现金产生单位，伯恩斯方法以一个利润图开始（与价值图不同）展现公司在哪赚钱或是赔钱，有大约70%的准确率。根据伯恩斯的方法：

当您这样做时，您能够对您的公司建立一个非常强大的、详细的分析。您能看到公司的盈利能力、个别客户的以及个别产品的……重要的是，您能够轻易地预测改变客户和产品组合的影响，您能够看见在一系列具有高度针对性的举措改变您的成本时的影响。

伯恩斯建议初始行动应该是保证经营的高利润部分并确定如何最好地进行扩张。直到那时管理层才应该转而终止那些亏损的项目，通过开发流程来提高边际部分，这几乎总是最重要的。越过主要心理障碍，从接受园丁修剪树木和灌木的树枝是为了帮助它们充分发挥其潜力的理念开始。这样繁重的修剪主要可以分成3类：

1. 并非最好的健康树枝。优秀的园丁总是检查树木和灌木，哪些部分是它们有限的力量值得保留的，并除掉剩余的部分。通用汽车公司的前任CEO杰克·韦尔奇（Jack Welch）就那样做了。他宣布任何一家公司的业务在同领域达不到第一或第二，这家公司就会被出售。

2. 不能恢复的生病树枝。同时，园丁意识到更多的水分、养分以及希望都没有用了。韦尔奇遵循这个逻辑，他表明任何通用汽车的业务在苦苦挣扎的——实际上是生病的——将会被修缮、关闭或出售，每年全体员工最差的10%将会被辞退。

3. 占地方的枯萎树枝。任何死亡的事物都占地方。韦尔奇因努力避免层层官僚机构，加强交流、提高生产力而受到称赞。

在采取行动之前，管理者应该考虑他们理性及情感上的反应：修剪是有吸引力的吗？它使您的胃变得难以消化吗？企业的成功需要包含这样的前提：修剪是必要的、自然的并且有利的。结束与新的开始是相互联系的，您不能只要一个而不要另一个。

# 第 10 章　价值的来源——风险

让每个人对未来怀有信心。

——温家宝（1942—），中国国务院总理和政治家

第 9 章指出只有两种方法能够增加企业的价值——增加利润或降低风险。随后讨论了能够增加利润的几种途径：创新、价值图、杜邦分析法以及撤出亏损领域。简单来说，一个企业的价值就是它的净收入除以一个适当的资本化率。第一种增加价值的方法有两方面有益影响：它增加了分子（净收入）并通过增长减少了分母（资本化率）。这一章主要涉及方程的另一方面，即降低风险。牛津英语词典中将风险定义为：

遭受损失、伤害或者出现其他负面的和不利情况的可能性；涉及这种可能性的几率或者情况。

对于企业来说，最常见的风险就是在用组合法（见第 8 章）计算资本化率过程中列示的诸因素。

## 10.1　降低风险

在企业中，降低风险的首要并且也是最简便的方法就是提高员工的素质并增进员工之间的互动。一个有争议却有效的方法就是使用智商（IQ）测试。作为招聘程序的一部分，智商测试考察的不仅仅是应聘者的应变能力。它们最先由英国心理学家 Charles Spearman 在 100 多年前提出，他认为测试结果能够反映出一个人的一般认知能力 g。虽然个别测试也能衡量其他因素，但是 g 是关键的基本要素。

多年以来，反对者们一直认为不同的智商测试衡量了不同的方面，成功与否并不是由某一项基本的因素决定，而是取决于人们特定方面的能力与他们所面临挑战的匹配程度。伊利诺伊大学的心理学教授 Nathan Kuncel、Sarah Hezltee 和明尼苏达州立大学的心理学家 Deniz Ones 认为这些反对者们是错误的。他们断言一般认知能力是存在的，并且“能够促成多方面的、重要的人生成就，包括学术造诣、与健康有关的行为、社会成就、工作表现以及创造力等等”。

为了支持这一结论，他们回顾了许多年间包括 20 352 个主题的 127 项研究。他们重点关注了米勒推理测试（MAT），这种测试不仅仅是一项智商测试，而要求具有综合知识和推理能力。参与者要求根据已有的 3 个单词推理出第 4 个单词

以符合这3个单词的规律。测试通常包括100个问题，对于每一个问题参与者拥有半分钟的时间从4个选项中选出答案。那些在MAT中得分高的人往往在他们所选择的工作中也表现出色并且更容易得到他们老板的赏识。这种关联不论对于工作表现或者学术成就都很高。因此，降低风险的一种方法就是要注重聘请高智商的应聘者。

## 10.2 持续监督与考核

许多经理人认为今天企业所面临风险的数量和复杂性都达到了一个历史新高。为了了解这些风险的程度，2010年在北卡罗来纳州立大学，企业风险管理的研究人员要求许多受访者描述在过去5年中他们所面临风险的数量和复杂性增加的程度。16%的受访者回答“非常多”，46%的受访者回答说“很多”，只有2%的受访者认为完全没有变化。

风险的增加对这些被调查的企业有很大影响。只有超过6%的受访者指出他们公司受到“非常多”经营状况外的影响，30%的受访者认为他们公司受到“广泛的”影响，33%的受访者认为他们公司受到“适度”的影响。这些回答所占的比例（69%）略高于那些认为面临更多且更复杂风险的比例（62%）。对很多企业来说，增加的风险正在引发管理层无法预期的棘手的业务问题。

在任何企业中，一种有效降低风险的方法就是改善内部控制以管理风险；至关重要的是所有的业务都受到财务内部控制（ICFR）人员和审计人员的持续监督与检测。除了强有力的内部控制，拥有一套适当、全面并且严格的治理机制也是非常重要的。然而，从每天的日常生活中我们发现，人们的偏见会影响其判断从而导致令人遗憾的选择。治理过程通常没有充分考虑这些偏见，这会导致产生错误，以至于损害公司的价值。

出生于澳大利亚的经济学家彼得·杜鲁克在美国是有效组织管理的创立者之一，他发现“大部分有关决策制定的讨论都假设只有高级行政管理人员才能够做决定，或者只有高级行政管理人员做的决定才是重要的。这是一个危险的错误”。这一结论似乎不仅仅对公司适用，而且研究建议所有人都应该审视自己，检查妨碍人们合理判断的内在偏见。那些能够识别偏见的领导和经理人或许能够找到有益的判断框架。它是一套鼓励批判且诚信思维的行为准则，它能够使决策者更全面地考虑问题并得出更为一致的结果。

其核心是判断并不是公式化的，没有哪一种框架能够一直确保产生正确和有效的决策。然而，分析性框架也被用于其他行业的相似目的。在大部分讲英语的国家，法律基本上是通过法律原则来实行的。那些原则往往就是由先例而设立的程序、步骤以及检验的框架，按照这些框架可以在一个具体的情况下做出判断。当法官制定一项条例，其应用过程被充分概述并且在相似的情形中同样有用，那么一项法律原则便产生了。

为了理解我们所随身携带的偏见，了解我们做决定的两种方式是非常重要的。第一种方式就是直觉，它可以快速且自发地起作用，有时候仅仅是一种情绪反应。第二种方式则分析得更多、更全面并且经过深思熟虑。在今天这个瞬息万变、充满竞争的年代，大部分人都发现自己处于压力之下，通常会直接得出结论而非搜集相关数据并考虑其他替代方案。

关于决策制定发生根本变化的一个经典案例来自于职业运动。在《管理决策中的判断》（*Managerial Decision Making*，John Wiley & Sons，2008）一书中，Max Bazerman 描述了奥克兰运动队的经理 Belly Beane 在棒球队建设中怎样通过统计目前状况来预测未来得分，使得球队从一种直觉训练变成高度分析的过程。这使得他的球队取得了巨大成功，并且他们球队的工资比他们主要竞争对手低许多。其他球队经理的错误主要有：（1）推广个人经验；（2）过分重视近期表现；（3）分析他们所看到的东西而不是统计数据。总而言之，他们的决策是有偏见的。

## 10.3　应对偏见

既然我们都有偏见，那么提问下面的问题便能够抵销一些最常见的偏见：

- 我们了解所有的事实吗？往往直觉决策都没有充分的事实依据并夹杂了太多的直觉。作为搜集与评价事实的一部分，需要评估其稳定性。它们有可能在交易当中或者交易之后改变吗？
- 商业原因是什么或者交易实质是什么？没有这方面的知识，任何决策都是有缺陷的。
- 还有另一种观点吗？外部人的意见能够揭示偏见并减少自负。
- 可能的替代方案是什么？同时考虑而不是依次按照顺序考虑替代方案，能够减少对最近所获信息依赖的敏感性。分别单独衡量每一个选择以避免共同考虑更有可能导致的偏见。
- 竞争对手具有优势吗？这一问题将减少过度自负并避免依靠直觉而非逻辑和事实进行决策。
- 应该由指定的专家组进行决策吗？最多3个合作者可以显著增加决策的准确性，人数再多的话只能带来微弱地提高。

## 10.4　风险率组件模型

自从1991年起，评估公司风险的一个行之有效的方法就是风险率组件模型（Risk Rate Component Model，RRCM）。这种方法是用一个比率体系和其他比较性分析来帮助管理层发现单个中小企业（SMEs）的风险和回报，这样就能够不依赖公众公司的回报率而得到一个合理的股权成本。

它是从所谓的无风险利率开始，主要是10年期政府债券的收益率，再加上涉及4方面风险的溢价因素，4方面分别为竞争状况、财务实力、管理能力和深度以及盈利能力和收入的稳定性（见表10—1）。它进行了进一步调整以反映全国或者当地经济环境的影响。这4个类别代表了企业中重大而显著的方面，并对每一类进行了从0（无）到10（高）的等级划分。经允许，本部分资料整理来自我的两个国际企业价值评估分析师协会（IACVA）的董事会同事 William A. Hanlin Jr. 和 J. Richard Claywell 所著的章节“风险和回报”，在我之前的那本书《国际财务报告准则下的公允价值指南》（*Guide to Fair Value under IFRS*, John Wiley & Sons, 2010）中。

假设无风险利率为5%，风险率组件模型将得出一个最低为1%（5%+0%+0%+0%+0%−2%−2%）、最高为49%（5%+10%+10%+10%+10%+2%+2%）的股权成本。减少任何已经察觉的风险均能够降低股权成本，增加公司的公允价值。

表10—1　**风险率组件模型溢价因素的总结**

| 类别 | 高 | 中高 | 平均 | 中低 | 低 | 无风险 |
|---|---|---|---|---|---|---|
| 竞争 | 10 | 7.5 | 5 | 2.5 | 1 | 0 |
| 财务实力 | 10 | 7.5 | 5 | 2.5 | 1 | 0 |
| 管理能力与深度 | 10 | 7.5 | 5 | 2.5 | 1 | 0 |
| 收入的盈利性和稳定性 | 10 | 7.5 | 5 | 2.5 | 1 | 0 |
| 经济条件 | 弱 | 中弱 | 中等 | 中强 | 强 | |
| 全国范围 | 加2 | 加1 | 0 | 减1 | 减2 | |
| 当地或区域 | 加2 | 加1 | 0 | 减1 | 减2 | |

## 10.4.1 竞争

表10—2列示了一家假设出来的 Moloch 公司怎样按照竞争状况进行分级。

***专有项目***

与专有项目有关的风险可以通过查询相关文件、保护期间的剩余时间以及管理层认为专有项目对公司业务成功的重要性来进行评估。在这种情况下，一个更为有效的程序能够通过降低销售成本，为公司提供明显优势。

***公司相对规模***

相对规模指标是通过比较 Moloch 公司相对于整个相关市场的收入来说明相对风险。例如，一家当地五金商店只经营一个店面，它的规模（风险）可以通过将该商店的营业收入、资产规模以及员工数量与适当的地理和人口区域内所有这一类商店进行比较来加以衡量。结论就是规模小是不利的。

表 10—2 Moloch 公司的风险率模型中的竞争状况评级

| 指标 | 风险水平 | 权重 | 加权风险因子 |
|---|---|---|---|
| 专有项目（包括专利权和版权） | 1.5 | 2 | 3 |
| 公司相对规模 | 7.5 | 2 | 15 |
| 产品和服务的相对质量 | 5.0 | 2 | 10 |
| 产品和服务的差异性 | 2.5 | 2 | 5 |
| 竞业禁止协议 | 1.0 | 2 | 2 |
| 市场强度——竞争程度 | 6.0 | 2 | 12 |
| 市场规模/份额 | 8.0 | 2 | 16 |
| 价格竞争 | 3.5 | 2 | 7 |
| 进入的容易程度 | 5.0 | 2 | 10 |
| 其他 | 0.0 | 0 | 0 |
| 总加权因子 | | 18 | 80 |
| 加权平均溢价 | | | 4.4 |

**产品和服务的相对质量**

可以通过比较 Moloch 公司和其他竞争者提供的同类产品和服务进行质量分析。它们怎样异于行业中的其他竞争者？如果是完全相同，那么平均风险将是 5.0；如果情况好一点，那么风险等级将会低一点。

**产品和服务的差异性**

评估差异性涉及多方面的考虑：有多少竞争者？什么因素影响消费者的购买模式（时间、季节等）？是否具有替代产品或服务？定价、知名度、使用的技术、顾客忠诚度以及许可限制等的重要程度。

**竞业禁止协议**

所有关键员工都要签订一份雇佣协议，其中包括保密协议以及在雇佣终止的一段合理时间内的竞业禁止协议。管理层应该检查这些协议的条款，包括到期日、覆盖的区域以及竞争可能性等。

**市场强度**

市场强度是对长期性、声望以及客户服务等降低风险的衡量，它取决于公司服务于市场的哪一部分。一家企业如果有许多小的竞争者，那么通常它只存在平均风险，比如像汽车修理。然而，如果一个行业中有几家大的竞争者，并且某一竞争者因其技术、规模或者创新优势等在行业中占据支配地位，那么行业中就存在较高风险。

**价格竞争**

顾客价格敏感性是风险高低的主要因素。它可以通过可比利润率进行衡量，可比利润率受到能明显以低价提供商品和服务的竞争对手的压力影响。

**进入的容易程度**

进入的容易程度衡量了一个新的竞争者进入市场中的能力。例如，任何社区中的已有牙医会不时看到有新竞争者进入，但是新来者想要开展这一业务必须付出很高的成本——教育、设备、经营场所、市场开发等。

### 10.4.2 财务

公司正常的财务比率是大部分风险因素的基础；一些比率也需要与行业平均水平进行比较。在大部分发达的经济体当中，这样的数据能够得到；在美国，这些数据主要来自于风险管理协会（RMA）从银行取得的数据以及 MicroBit 公司的整合基准数据。理想情况下，管理层会将本公司的财务比率与当地经济环境中的类似企业的进行比较。如果由于缺乏数据使得这样不可行，那么容易取得的美国数据库也可以使 Moloch 公司与全球范围内成熟经济环境中的企业进行比较，尽管这些数据并不特别相关。

表 10—3 展示了 Moloch 公司在财务实力方面的评分。

表 10—3　　Moloch 公司风险率组件模型中的财务实力评级

| 指标 | 风险水平 | 权重 | 加权风险 |
|---|---|---|---|
| 流动性水平 | | | |
| 流动比率 | 2 | 3 | 6 |
| 速动比率 | 5 | 2 | 10 |
| 销售收入/营运资本 | 3.5 | 2 | 7 |
| 流动性质量 | | | |
| 应收账款/营运资本 | 5 | 2 | 10 |
| 存货/营运资本 | 6 | 2 | 12 |
| 资产利用率 | | | |
| 净销售收入/存货 | 7.5 | 2 | 15 |
| 总资产/销售收入 | 5 | 2 | 10 |
| 固定资产净值/股东权益 | 7.5 | 2 | 15 |
| 杂项资产/股东权益 | 2.5 | 1 | 2.5 |
| 杠杆比率 | | | |
| 总负债/股东权益 | 5 | 2 | 10 |
| 权益乘数（总资产/股东权益） | 6 | 2 | 12 |
| 总负债/资产 | 5 | 3 | 15 |
| 长期负债/股东权益 | 5 | 3 | 15 |
| 利息保障倍数 | 5 | 2 | 10 |
| 总加权因子 | | 30 | 149.5 |
| 加权平均溢价 | | | 5 |

### 10. 4. 3　管理

表 10—4 中的前 5 个指标是从财务记录中计算而来，主要用来评估管理层的能力。如果数据可获得，那么应该将这些指标与行业平均水平进行比较，如同与其他参与者进行比较一样来确定 Moloch 公司的相对风险。一家制造企业的存货周转次数是每年 4.1 次，这样的水平是高还是低呢？答案取决于“它是相当于、慢于还是快于行业标准”这一问题。评估管理深度的一个好方法是调查该公司的经营结构。如果只有股东具有居于支配地位而不允许其他人做出重要决策，在这种情况下的风险要高于那些有训练有素的员工惯于决策的情况。

表 10—4 展示了 Moloch 公司风险率模型管理能力和深度评级。

表 10—4　　　　Moloch 公司风险率模型管理能力和深度评级

| 指标 | 风险水平 | 权重 | 加权风险 |
|---|---|---|---|
| 应收账款周转率（天） | 7. 0 | 2. 0 | 14. 0 |
| 应付账款周转率（天） | 7. 0 | 2. 0 | 14. 0 |
| 存货周转率（天） | 5. 0 | 2. 0 | 10. 0 |
| 固定资产周转率 | 5. 0 | 2. 0 | 10. 0 |
| 员工流动 | 2. 0 | 2. 0 | 4. 0 |
| 管理深度 | 5. 0 | 2. 0 | 10. 0 |
| 设备参与情况 | 5. 0 | 2. 0 | 10. 0 |
| 家庭成员参与情况 | 0. 0 | 0. 0 | 0. 0 |
| 账簿和记录——质量和历史 | 5. 0 | 2. 0 | 10. 0 |
| 合同 | 5. 0 | 2. 0 | 10. 0 |
| 毛利 | 5. 0 | 2. 0 | 10. 0 |
| 经营利润 | 5. 0 | 2. 0 | 10. 0 |
| 经营周期 | 5. 0 | 2. 0 | 10. 0 |
| 其他 | 0. 0 | 0. 0 | 0. 0 |
| 总加权因子 | | 24. 0 | 122. 0 |
| 加权平均溢价 | | | 5. 1 |

### 10. 4. 4　盈利性

表 10—5 展示了 Moloch 公司收入的盈利性和稳定性的评级情况。

表 10—5 Moloch 公司风险率组件模型管理盈利能力和利润表的评级情况

| 指标 | 风险水平 | 权重 | 加权风险 |
|---|---|---|---|
| 开业时间 | 7.0 | 2.0 | 14.0 |
| 行业生命周期 | 5.0 | 2.0 | 10.0 |
| 销售利润率（税前） | 2.5 | 2.0 | 5.0 |
| 净资产收益率 | 8.5 | 3.0 | 25.5 |
| 资产收益率 | 2.5 | 3.0 | 7.5 |
| 交易比率 | 5.0 | 2.0 | 10.0 |
| 营业收入增长率 | 5.0 | 2.0 | 10.0 |
| 销售额增长率 | 5.0 | 2.0 | 10.0 |
| 收入的标准差 | 8.5 | 2.0 | 17.0 |
| Altman Z-Score | 2.0 | 2.0 | 4.0 |
| 其他 | 0.0 | 0.0 | 0.0 |
| 总加权因子 | | 22.0 | 113.0 |
| 加权平均溢价 | | | 5.1 |

**Altman Z-Score 模型**

在表 10—5 中除了 Altman Z-Score 模型之外，所有方法都很有名。Altman Z-Score模型是估计公司破产可能性的常用方法，这种方法的准确率超过 70%。重要的是，要知道 Altman Z-Score 模型的所有变化以及变化水平都必须予以监测；如果一家企业的分数在一年之内从 2.80 下降到 1.95，那么它比那些 5 年来分数一直保持在 1.70 ~ 1.85 之间的公司受更多关注。Altman Z-Score 模型权衡并加入了 5 项财务指标，可以当做一个预警系统。计算过程如下：

Z=0.012X（1）+0.014X（2）+0.033X（3）+0.006X（4）+0.999X（5）

其中：

X（1）= 营运资本/总资产

X（2）= 留存收益/总资产

X（3）= 息税前利润/总资产

X（4）= 权益总额/总负债

X（5）= 营业收入/资产

注意：变量 X（1）~X（4）是将百分数转化成整数，而 X（5）是转化成小数。如果 X（1）= 15.5%，那么它被记为 15.5 而不是 0.155；如果 X（5）为 95%，那么它就变成 0.95。Moloch 公司的各项比例如下：

X（1）=-20.3%

X（2）=-15%

X（3）=9.4%

X（4）=5.2%

X（5）=118%

因此，

Z=(0.012)(-20.3)+(0.014)(-15)+(0.033)(-9.4)+(0.006)(-5.2)+(0.999)(1.18)

=-0.2436-0.2100-0.3102-0.0312+1.1788

=0.03838/3.84%

Z-Score 显著性见表 10—6。

表 10—6　Z-Score 显著性

| 范围 | 失败的可能性 |
|---|---|
| 1.80%以下 | 非常高 |
| 1.80% ~ 2.7% | 高 |
| 2.71% ~ 2.9% | 可能 |
| 2.91%以上 | 不可能 |

### 10.4.5　其他风险

当使用 RRCM 方法时，要考虑的其他项目还有区域的和国家的经济前景。成功运用这一方法需要比率分析的应用知识。这个模型用特定企业的定性和定量因素来估计出一个合理的权益成本，并让管理者理解这些因素影响公允价值。

## 10.5　知识资本价值驱动

今天，许多企业都是知识密集型企业，很多价值隐藏在员工的头脑、计算机系统、程序、关系及网络中。正如第 6、7、8 章中讨论的那样，主要的估值途径分析的是现金流，而非资产。它们从利润表开始分析，很少关注资产负债表，并在现金流背后为无形的“工厂”做出广泛假设。为使当今企业的业绩和价值最大化，管理层还需关注组成公司知识资本（intellectual capital，IC）的无形资产。

波士顿 Trek 咨询公司开发出一项“知识资本价值驱动报告”，这一创新技术能够衡量以下 10 类业绩和价值隐藏的、无形驱动因素：管理层、员工、程序/信息技术（IT）、市场营销/销售、技术/知识产权、客户、网络、声誉/品牌、业务模型及外部因素。这些信息来源于结构性的众包（大众网络），包括与使用所有权的内、外部股东的访谈，为衡量中间市场公司的价值及增长驱动而设计的标准化的评估工具。在 Trek 原则以及行业专家们的基础上，这已经很成熟了。目标就是估计一个组织的知识资本价值驱动的强度。等级的评定是从 1.0（低）到

5.0（高）：

| | |
|---|---|
| 最好 | 4.5 ~ 5.0 |
| 平均分以上 | 3.5 ~ 4.4 |
| 平均分 | 2.5 ~ 3.4 |
| 平均分以下 | 1.5 ~ 2.4 |
| 最差 | 1.0 ~ 1.4 |

在访谈期间，Trek 公司的员工还征求关于具体问题回应背后的见解，以及公司前景和增长的可能机会等方面的一般问题。

## 10.6　结论

本章介绍了通过降低风险来提高公允价值的一些方法，这些风险体现在资本化率及折现率上。尽管这些与通过创新或是淘汰亏损业务相比更缺乏吸引力，但它们都是提高价值的主要部分。

# 第11章 评估负债

如果为负债担心的人们想想他们拥有的财富，那么他们将停止担心。

——Dale Carnegi（1888—1955），美国作家

到目前为止，我们主要涉及了评估资产，因为多数投资者都跟这些项目有关。然而，公允价值也适用于负债，尤其是进行购买价格分摊时（PPAs，见13章）。实际上，负债被交易对方（所有者/债权人）当做资产，通常会产生违反直觉的结果。当一个实体的信用评级下降时，负债的公允价值就会降低，通过其他综合收益（OCI），报告的虚构收益就会提高。信用评级是负债主要风险的重要指标，因为实体可能在到期时拖欠或在其他方面不能履行义务。另一个影响负债价值的明显因素就是嵌入式衍生工具，例如转换成股本的权利。

## 11.1 负债转移而非结算

自财务会计准则委员会（FASB）2006年发布了财务会计准则公告第157号以来，公认会计原则（GAAP）评估负责是在转移的基础上。然而，国际会计准则理事会（IASB）并不总是如此。自从2010年发布的新的国际财务报告准则（IFRS）征求意见稿代替了国际《会计准则第37号——准备、或有负债和或有资产》（IAS 37），强调负债不应该以假设的转移或结算价格来衡量。准则定义负债的公允价值为计量日，主体为转移负债向市场参与者支付的金额，前提是负债对于对手方（债权人）仍然继续而非结算，并且不履行风险仍然相同。因此，负债的公允价值必须考虑所有的不履行风险，包括主体自身的信用状况。管理层打算如何偿债或是为偿债向对手方支付多少对于公允价值没有影响，它们只反映市场参与者对未来现金流经过不确定调整折现后的估计。

负债的转移是极少的。实际上，大多数都随着与持有人结算或通过合同的消除而消除；因此，衡量它们的公允价值是一项挑战。FASB和IASB总结到结算是特定实体的决定，并且结算金额和公允价值的区别在于涉及因素的表现。这些区别当中有一个就是在结算的时候通常不考虑信用风险的影响。然而，把潜在购买者当做一项资产，对另一个实体而言是一项负债。潜在购买者在决定愿意为资产支付多少金额时总会考虑发行者的信用状况。

### 11.1.1 市场参与者假设

负债的公允价值体现了市场参与者建立了包含所有内在风险的购买价格的假设。这一点在考虑当前所有者出售金融资产收到的金额时最容易做到。一个没有包含不履行风险调整的衡量（例如，根据模型估值）结果不是公允价值。每一次计算都应该在特定的估值技术中包含市场参与者因内在风险（不确定性）而要求的金额，并且在相关的输入中也要予以考虑。确定一个合适的调整十分复杂。

一个实用的权宜之计即为将那些公开交易债务证券的可比公司作为市场参与者观点的一个来源。另一个选择就是采用通常的行业会议的观点（如援引信用储备建立的违约率和 WACC 作为折算率），如果它们与市场参与者的期望相符的话。历史以及过去的交易也许有助于确定管理层在应对信用紧缩时效果如何。

***不履行风险***

信用风险是不履行风险的一个主要组成部分，由于条款和性质不同，一家企业不同负债的信用风险各不相同。例如，应付账款及其他当前项目的信用风险可能比长期项目、无担保负债的信用风险低一些，但是会比长期债券（如抵押）的信用风险高；风险最高的与初级的、从属的、无担保债券有关。调查法律主体的所有组成部分的债务情况是很重要的，因为倘若清算，它比母公司索赔对关键资产有更显著的影响。

一家实体的信用等级（例如 BBB）并不一定等于对其负债公允价值的信用风险的影响。正如交易的信用违约掉期——支付违约事件的一种责任保险的价格所示，它经常会因情绪而波动，与债务人信用等级的变化无关。不履行风险还需要考虑有关的抵押品或是信用增强，如第三方担保。对于第三方担保影响负债的公允价值，担保必须是工具的一个属性并且不能与之分离。如果担保直接支付给持有人而非发行者，那么在 FASB 和 IASB 的观点看来，担保并不是负债本身的一部分而是一个可以分开的工具，因此它与负债的公允价值不相关。

***予以考虑的其他因素***

在许多情况下，银行愿意假设他们的定期存款负债小于本金，例如相对较低的资金成本。实际上，区别在于抵销无形资产“核心存款”的购买成本。这些是作为额外利息在相关负债的年限内摊销的。某些负债，比如那些与石棉损害或是业绩保证有关的，最终支付的金额和时间都有不确定性。做出负债假定的一方需要花费一些成本来管理它们并且可能要求一定的利润。

企业应该尝试预期市场参与者要求的所有风险以额外溢价的形式表现出来的影响，包括那些之前讨论过的、影响负债价值的风险。通常，这其中包括了使用基于市场的信贷利差（也就是国库券和有类似条款的交易债券，由于质量评级不同而带来的收益率差别）。在确定信用和其他风险，如缺乏市场性的合适水平时，了解每一项负债的特性是很重要的。

### 11.1.2 结算金额与公允价值的对比

负债的公允价值是在转移的概念下确定的，转移概念包括了不履行风险。这里没有豁免或是实用的权宜之计。基本的前提是负债会存续直至到期日。任何公允价值与结算金额之间的差别都不能够确认直到清偿。

**例子**

一张1 000 000美元的到期票据由Gamma公司向互惠银行转移。考虑到不履行风险，它的公允价值只有950 000美元，因为借款人的行业经济条件已经恶化了。在结算日，Gamma公司应当支付票面金额以清偿负债，而互惠银行由于充分了解Gamma公司实际的财务情况，除非在例外情况下，它是不可能愿意贴现票据的。

为了计算转移价值，Gamma公司必须建立一个假设的交易，这个交易是具有相似信贷状况的另一方（Delta公司）用与伽玛公司票据实质上相似的条款寻求融资。Delta公司可以选择要么（1）与银行达成新的贷款协议，条款中得以反映行业状况，例如高出25个基点的利息；或是（2）从Gamma公司票据的转移中得到现金。在这个假设的交易中，由于Delta公司的借款成本经过折现，净现金流量的现值相同，因此Delta公司无须关心如何取得融资。因此，转移金额（公允价值）反映了行业信用风险的市场参与者的观点，应该是950 000美元，市场价格比结算金额少了50 000美元。

### 11.1.3 信用更改的影响

不履行风险反映在一家企业负债的公允价值中这一事实意味着其影响与企业的财务状况相反。企业信用状况恶化将导致与负债相关的未来现金流量的折现率更高。这将降低负债的公允价值，在利润表上产生一个报告收益。相反地，信用状况的提高会带来一个更低的折现率和更高的负债公允价值以及一个报告损失。

### 11.1.4 计算债券价值

现在我们从理论上转移到实践中。这个例子是对享有同等权益（排名相同）的两个系列B与D，Omega矿业公司的担保债券在2011年4月公允价值的估计。它们都是2009年4月9日发行的，正好在股票市场暴跌至谷底之后（尽管管理层一定不会予以确认），5年期2014年到期。发行的B系列是按10%计息；C系列按5%计息，并可以转换成普通股票。如果说这些利率看起来很高，那么看2008年末，高盛集团公司花费50亿美元购买优先股附带10%的认股权证以购买普通股。

在2009—2011年间，由于公司创造了大量利润，Omega公司的普通股从

9.06 美元上涨到 24.83 美元，上涨了 174%。因此，按市场参与者的观点，公司与美国国库券的信用利差降低了 70%，从 8.13% 降低到 2.41%，正如最近发行的 10 年期利率 6% 的 D 系列公司债券证实的那样：

| | B 系列<br>2009 年 4 月 | D 系列<br>2011 年 4 月 |
|---|---|---|
| 5 年期国库券 | 1.87% | — |
| 10 年期国库券 | — | 3.59% |
| Omega 借款成本利差 | 8.13% | 2.41% |
| 发行收益率 | 10.00% | 6.00% |

## B 系列公司债券

市场驱动的信用利差和当前 3 年期国库券利率为 B 系列债券在 2011 年 4 月的借款成本提供了一个估计值：

| | |
|---|---|
| 3 年期国库券利率 | 1.34% |
| 市场利差 | 2.41% |
| 3 年期 Omega 借款成本 | 3.75% |

表 11—1 列示了 3.75%（Omega 目前的 3 年期债款成本）条件下对于 Omega 公司的现金流出和对投资者来说的现金流入现值。

表 11—1　　Omega 矿业公司 B 系列债券 2011 年的价值

| 日期 | | 10% 债券每 1 000 美元的支付金额 | 3.75% 的现值系数 | 现值（美元） |
|---|---|---|---|---|
| 2011 年 | 10 月 | 50 | 0.9816 | 49.08 |
| 2012 年 | 4 月 | 50 | 0.9639 | 48.19 |
| | 10 月 | 50 | 0.9461 | 47.31 |
| 2013 年 | 4 月 | 50 | 0.9290 | 46.45 |
| | 10 月 | 50 | 0.9119 | 45.60 |
| 2014 年 | 4 月 | 1 050 | 0.8954 | 940.21 |
| | | | | 1 176.84 |
| 票面金额的现值（以% 计） | | | | 117.68 |
| 市场参与者的利润（每年 1%） | | | | (3.53) |
| 票面金额的公允价值（以% 计） | | | | 114.15 |

## C 系列公司债券

C 系列公司债券包含两部分，像 B 系列一样计价的债券以及代表拥有权利而不承担义务的嵌入衍生工具，它可以将每 1 000 美元的债券转换成 11.76 美元一股的 85 股的普通股股票。这对于 2009 年 4 月债券发行前 10 个交易日（2 周）的 9.06 美元的平均收盘价有一个 30% 的溢价（见表 11—2）。

表 11—2　　Omega 矿业公司 C 系列债券 2009 年的价值

| 日期 | | 5% 债券每 1 000 美元支付的金额 | 10.00% 的现值系数 | 现值（美元） |
|---|---|---|---|---|
| 2009 年 | 10 月 | 25 | 0.9524 | 23.81 |
| 2010 年 | 4 月 | 25 | 0.9091 | 22.73 |
| | 10 月 | 25 | 0.8658 | 21.65 |
| 2011 年 | 4 月 | 25 | 0.8264 | 20.66 |
| | 10 月 | 25 | 0.8112 | 20.28 |
| 2012 年 | 4 月 | 25 | 0.7513 | 18.78 |
| | 10 月 | 25 | 0.7375 | 18.44 |
| 2013 年 | 4 月 | 25 | 0.6830 | 17.08 |
| | 10 月 | 25 | 0.6704 | 16.76 |
| 2014 年 | 4 月 | 1 025 | 0.6209 | 634.44 |
| | | | | 815.62 |
| 转换权 | | | | 183.38 |
| 票面金额 | | | | 1 000.00 |

发行时每 1 000 美元面值的 C 系列债券对于投资者的价值只有 816.62 美元，余额 183.38 美元代表了转换成 85 股股票的转换权，平均每股 2.157 美元。

**转换权的价值**

期权的价值，例如 C 系列的转换权，通常用期权定价模型来计算。最常用的是布莱克—斯科尔斯期权定价模型（Black-ScholesMoclel，BSM），这一模型在几个网站上都能找到。它仅需要表 11—3 中列出的 6 个参数。

表 11—3　　Omega 矿业公司转换权的价值

| | 2009 年 4 月发行 | 2011 年 4 月的估值 |
|---|---|---|
| 股票价格（美元） | 9.06 | 24.83 |
| 股票行使价格（美元） | 11.76 | 11.76 |
| 无风险报酬率（%） | 1.87 | 1.34 |
| 预计股息收益率（%） | 0.00 | 0.00 |
| 预期寿命（年） | 5.0 | 3.0 |
| 期望波动率（%） | 54 | 28 |
| 每一份期权的价值（美元） | 3.66 | 14.53 |

**期望波动率**

除了期望波动率外，多数读者会对所有的这些输入颇为熟悉。股票价格的波动率是股价之前变化的比率和大小（向上和向下）；类似于期权，它通常用一段时期的日数据或周数据得到的标准离差来计算。

BSM 模型需要期望波动率的数据，它是过去的波动率经过现在及预期情况调整后得到的。对于 Omega 公司，直到债券发行前的 5 年实际波动率为 33%。这个数字远远低于发行之前的 12 个月数据，由于 2008 年和 2009 年股票市场的暴跌，后者已经上涨到 75%。实际上，这次发行刚好在股票市场跌至谷底之后，尽管那时候没人能相信会有一个较快的复苏。因此，投资银行在为此次发行定价时使用的是 54%（平均值）作为期望波动率。

到 2011 年，市场变得更加稳定，股票价格明显上涨，过去 3 年的波动率自然降低至 23%。然而，由于 Omega 公司许多开采金属价格上的不确定性，估价师决定用 28%，危机之前和当前水平的平均值（分别为 33% 和 23%）作为期望波动率。

结论是在发行时，转换期权实际上值 3.7 美元，等于每 1 000 美元的债券 314.50 美元。这比推导出的金额高出了 71.5%。后面的数据 2.57 美元表明期望波动率是 34%（危机前的水平左右）。2011 年，这一期权每份值 14.53 美元。

**C 系列公司债券 2011 年的价值**

表 11—4 计算得出没有转换权的 C 系列公司债券每 1 000 美元的价值是 1 122.29美元。

表 11—4　　Omega 矿业公司 C 系列债券 2011 年的价值

| 日期 | | 10% 债券每 1 000 美元的支付金额 | 3.75% 的现值系数 | 现值（美元） |
|---|---|---|---|---|
| 2011 年 | 10 月 | 1 025 | 0.9816 | 1 006.13 |
| 2012 年 | 4 月 | 25 | 0.9639 | 24.10 |
| | 10 月 | 25 | 0.9461 | 23.65 |
| 2013 年 | 4 月 | 25 | 0.9290 | 23.23 |
| | 10 月 | 25 | 0.9119 | 22.80 |
| 2014 年 | 4 月 | 25 | 0.8954 | 22.39 |
| | | | | 1 122.29 |

这一金额必须加上 85 份期权每份 14.53 美元的价值（1 234.99 美元）才能得到总额 2 357.28 美元。它比完全转换（24.83×85）得到的金额(2 110.55 美元）高出 11.7%；这 11.7% 的溢价代表了投资者等待的回报。

| | |
|---|---|
| 没有转换权的公允价值 | 1 111.29 美元 |
| 具有转换权的公允价值 | 1 234.99 美元 |
| 总额 | 2 357.28 美元 |
| 转换价值的市场价格 | 2 110.55 美元 |
| 转换价值的溢价 | 11.7% |

与 B 系列公司债券相同，市场参与者希望因接受转移而获得利润。使用相同的3%，得到每 1 000 美元公司债券的公允价值是 2 287 美元（2 357.28×0.97）。出于会计目的，1 287 美元的溢价在存续的 3 年中作为利息抵销支付。

## 11.2 资产弃置义务

许多组织都受有关长期实物资产退役方面的法律要求。每一个企业都会受到影响，因此必须确认资产弃置义务（ABO）发生时的公允价值，除非它的金额无法合理估计。它表示一个自愿的、信用状况相当的第三方因为资产弃置义务而假定的所有责任、不确定性和内在风险要求支付的金额。这项负债的公允价值是根据第 3 章中讨论的公允价值框架计算的。

### 11.2.1 核算单位

核算单位是承担资产退役的所有法律义务。为了符合 GAAP 或 IFRS 的要求，弃置资产义务要应当在第一年以公允价值记录。当一个新的资产弃置义务层级建立时，由于期望现金流时间或金额的改变，它会被当做一个单独的核算单位。

### 11.2.2 估值前提

没有适用于负债的估值前提，因为公允价值假定它们是转移给市场参与者。

### 11.2.3 主要市场

对于资产弃置义务不可能存在主要市场。因为它们不是活跃交易的，并且很少或者没有关于转移它们需要支付价格的可观察信息。

### 11.2.4 最有利市场

最有利市场是指为了转移资产弃置义务支付最小金额的市场。管理层通常会建立一个假设的市场。

### 11.2.5 估值方法

所有的 3 种估值方法都必须予以考虑。活跃市场上有报价的就使用报价；然而，期望现值技术通常是默认方法。3 种估值方法列示如下：

市场途径。能从公开的包括可比项目的市场交易中得到哪些信息呢？

收入途径。有能够应用现金流折现法使用市场参与者的输入的信息吗？

成本途径。能够可靠地估计出做必要的整治工作需要的金额吗？

## 11.3 或有负债

根据 IFRS，或有负债按照一个特殊的标准，即《国际会计准则第 37 号——准备、或有负债和或有资产》（IAS 37）处理。根据 GAAP，它们涵盖在《财务会计准则公告第 5 号——或有事项的会计处理》（SFAS 5）中。自从 2002 年开始，IASB 试图开发一个新的 IFRS 来处理这一主题，并于 2005 年发布了征求意见稿。它在评估单独的准备或者或有负债时存在明显问题，单独准备是“不确定时间或金额的负债”，或有负债是由过去的事项形成的，其存在可能在将来予以确认的“可能义务”。

通常来说，准备会出现在财务报表中，而或有负债通常与诉讼有关，仅在附注中予以披露。会计人员通常是非常谨慎的，有一个古老的谚语“有疑问时，确认负债”。然而，这对于或有事项来说并不成立。因此，十分有必要在投资或借钱出去时仔细阅读附注。有时，重大风险没有被记录，因为它们既不是“很可能的”也不是“可以合理估计的”。也许还存在远期风险，像早期的法律索偿就不需要披露。

### 11.3.1 保修成本

产品保修，一项极其普遍的服务，是假定能够合理地估计出可能负债的增长。当产品出售时，需要把可能发生的、估计出来的保修成本确认为一项费用。实际上，这项负债用成本法来衡量。

许多成本都与保修成本类似。公司也许会提供优惠券、奖品、打折、航空里程、免费酒店入住、免租金以及与销售活动有关的类似活动。它们每一项都引起了一个估计的负债。尽管细节可能各不相同，但基本的程序与结果都是相似的。

### 11.3.2 环境义务

考虑实物资产收购时，必须十分小心要确保它们是清洁的，尤其是当现任或前任所有者已经在现场处理有毒物质时。收购人必须在持续的基础上，评估为了符合所有相关的法律法规可能要为改正环境问题在过去、现在或是将来可能发生的成本的可能性、时间和数额。存在这种企业价值实际上已经被清理一处地点的成本消除的情况。尽管之前可以从工厂赚到高额利润，但是收购人继承了完整的环境义务，因此身为所有权链背后的所有人要为清理这些不幸的污染负责。

在许多辖区，环境立法的影响深远，并且根据“深口袋”理论，即资源最多的一方要为清理和回收付钱。尽管并不要求审计师对企业遵守环境惯例或相关法律法规的充分性发表意见，但他们必须获得充分的证据来合理保证，财务报表上任何可能受环境问题影响的项目都得到了公允表达。尽管这不能确保清理费用一定得到了充分考虑，但是它应该是评估披露这种情况的起点。在某些情况下，有必要咨询工程师或是环境专家。

会计职业要处理尚未明确的风险是有困难的，并且也许永远不会这样做。在对一个报告单位或是现金产生单位估值时，找到并评估未确认的负债几乎与找到并评估未确认的资产同等重要。

# 第12章 企业合并

传统上，目标设定都是以过去的业绩为基础，这种做法倾向于延续过去的错误。

——Joseph M. Juran（1904—2008），美国经济学家

现在我们来讨论企业合并——兼并与收购的会计术语。这类交易通常都是公司曾经最大的，有时也是风险最高的交易之一。在公司的长远历史中，从来没有像21世纪前十年那样发生那么多大规模的收购业务。这一时期是美国（以及较小程度上的其他金融发达国家）在过去120年所经历的六次历史合并高峰期中最近的一个。第一次导致了镀金的19世纪90年代的信托基金（1893—1904）；第二次带来了咆哮的20世纪20年代的金字塔交易法（1919—1929）；第三次导致了动荡的20世纪60年代的企业集团（1955—1969）；第四次引发了20世纪80年代垃圾债券的杠杆收购（1974—1989）；第五次导致了20世纪90年代互联网的过度（1993—2000）；最后一次则是房地产的破灭（2003—2007）。2007年，这个最近年代的顶峰，记录表明有4.5万亿美元的现金和证券被用于全世界范围内的此类交易。然而，故事的最后几乎都是一样的。一旦计算交易的最后成本，那么最初的香槟酒带来的眩晕就让位于某种宿醉了。

## 12.1 兼并获得回报了吗?

哈佛大学的迈克尔·波特在1987年发现有50%~60%的收购是失败的，甚至有一些损害了股东价值。另外几项研究支持了这一结论。Mercer咨询管理公司指出在1984年至1994年间，《商业周刊》全球500强企业中的60%碰到过大型收购业务，然而盈利水平却低于行业平均水平。在2004年，麦肯锡咨询公司计算发现只有23%的收购业务带来了正向的投资回报。2007年，波士顿咨询集团认为，收购使得收购方股东的价值被转移给了收购目标股东。

收购双方的领导者、涉及的行业、国际或者国内竞争情况等类似，结果因收购类型的不同而不同，但是总体趋势仍然是一致的：一个负的投资边际收益。没有任何尝试能够从企业不断发生的众多事件中分离出收购的单独影响，这些尝试包括衡量股票的市场反应、收购后对企业进行估值、计算异常回报以及评估协同效应和规模经济。有许多关于这一现象的解释，其中缺乏对双方不同文化的整合，通常双方是竞争企业以及没有实现预期的规模经济和协同效应是最常见的

解释。

### 12.1.1 收入的增长至关重要

持续盈利是收入增长的一个功能。麦肯锡公司，一家国际战略咨询公司，通过对一家在 2004 年至 2009 年间进行过多次收购业务的计算机公司的研究证明了这一点。假设所有涉及的企业都达到了年复合增长率 6.9% 的行业平均水平，如表 12—1 所示，2009 年的收入应该是 73.71 亿美元，而不是实际的 61.02 亿美元，有 17% 的不足。

表 12—1　**收购获得的预期收入**　单位：千美元

| | |
|---|---|
| 收入，基准年 2003 年 | 2 148 |
| 获得的收入 | |
| 2004 年 | 368 |
| 2005 年 | 502 |
| 2006 年 | 94 |
| 2007 年 | 88 |
| 2008 年 | 968 |
| | 2 020 |
| 小计 | 4 168 |
| 增长@6.9% | 3 203 |
| 预期收入 | 7 371 |

### 12.1.2 一致的结果

类似的结果出现在了不同的领域中，不论其行业、规模乃至收购经验。从根本上说，是收入增长而非成本降低决定了兼并结果，波动很容易抵消计划的成本节约。收入增长方面上 1% 的不足需要 25% 以上的成本改进才能得到预期的结果，额外增加的 2% ~3% 的收入能够抵消 50% 的协同效应的失败。

成本节约是很难确定的。麦肯锡公司指出，高达 40% 的兼并都没有实现预期的协同效应。股票市场也对利润下滑产生了负面反应。低于预期收益 5% 以上就可能导致股价产生 15% 或者更大的下滑，以多倍的减少对预期的更低增长做出反应。这可能会让管理层害怕从而“斩断”不合适的领域，清除的不只是“脂肪”，还包括“肌肉”，甚至是“器官”。

## 12.2 为什么要合并?

鉴于合并和收购的这些问题，为什么还有这么多热切的参与者在这么多领域如此积极地追求它们？这里列举了管理层引证的几方面原因。

### 12.2.1 效率差异

主要的指定目的是效率差异。例如，ABC 公司的管理层比 XYZ 公司的管理层更有效率。如果合并之后 XYZ 公司能够达到 ABC 公司的效率，那么整体收益将会提升。当然，除非是支付了比账面价值高出太多的溢价，否则这种类型的交易能够给社会和股东带来收益。经营类似业务的企业在这种情况下很可能获得成功，因为它们能够发现低于平均水平的业绩，并且请专家来改进。

### 12.2.2 经营的协同效应

竞争者之间的横向合并或许能够产生规模经济或者更好地利用生产能力。像重叠的配送系统或者共同的供应商和客户这些互补的能力能够提高效率，而这些方面仅靠自身的内部扩张不可能达到。倘若合并没有违反《反垄断法》（《反垄断法》在各个国家间相差很大），纵向合并（联合一个行业中不同层级上的企业）或许也能够产生有益的经营方面的协调，并因此增加盈利。

### 12.2.3 财务工程

使一个国家不同区域的两个或者更多个相似组织联合的合并，或许能够导致更低的资本成本，使债务和权益资金变得更便宜。这主要是因为规模更大的公司风险更低。如果不同的现金流是独立的，现金流之间可以相互弥补，这样就降低了失败的可能性，甚至还可能进一步降低债务成本。在 2011 年底，大部分国家的利率都比较低，现金存在银行大约只有 1% 的利息，与此相关的好处就是，现金购买的回报一般至少超过存在银行回报 5 个百分点。

### 12.2.4 低估价值

许多合并都是由收购方所面临的“构建”或者“购买”的选择促成的。如果目标企业被充分低估，那么与建立一个新企业花费的成本相比，合并就能迅速取得额外的生产力，所以这项交易毫无疑问是有优势的。在过去的不同时期，许多企业的托宾 Q 比率（一家公司的总企业价值除以净资产的重置价值）都低于 1.00%。如果托宾 Q 比率是 0.80，并且超过账面价值的平均溢价 35%，那么以此为根据的购买价格只是净资产重置成本的 1.08 倍（略微提高代表了持续经营部分）。

托宾 Q 比率的变化部分解释了为什么合并活动在增长和萧条时期会增加与减少。然而，这并不适用于无形资产，因为无形资产可能对收购方来说要比对目标企业有着更大的价值。例如，一家棉纺厂在这一行业中是效率最高的，因为它拥有先进的机器人，能够在关闭设备或者向人工求助之前做出三种独立的固定好穿梭中的断线的尝试。虽然它们只在 30% 的情况下是成功的，但是这种设备依旧能够提供比基于标准停工时间的额定产量更多的产出。这家私营企业被一家公众公司以高市盈率（PER）收购，然后公众公司继续将这一技术推广到全部的设备上。

### 12.2.5 战略目标

一种增加股东价值的行之有效的方式就是通过合并来实现战略目标，例如地区扩张、规模经济或者利用还没有被充分使用的管理能力。每一项都能够产生协同效应，从某种程度上说，这些协同效应可以通过市场参与者实现，在计算公允价值时也需要将这些协同效应考虑在内。

### 12.2.6 管理层自利行为

公司控制权的活跃市场已经在各个行业中证明了自身。收购者被前面所提到的许多原因所驱使，但是也有一种情况是由于自利的原因——大集团的一种以越大越好（风险越低）为哲学基础的动机。这些合并也为高级行政人员提高待遇提供了机会——至少会持续一些年。但并不是所有的结局都是好的，贪婪的高管可能对所有者来说代价太高了。

### 12.2.7 熟能生巧

贝恩公司（Bain & Company）是一家国际管理咨询公司，它研究了收入在5亿美元以上的724家美国公司的管理层行为，并将它们的活动与它们在1986年至2001年间进行的7 475项收购业务给股东带来的回报进行了比较。按照收购方式将公司分成了以下几组：

- 持续的：进行收购并不考虑经济周期。
- 萧条期：在经济萧条期增加收购活动。
- 增长期：主要在经济增长期进行收购活动。
- 低迷期：倾向于在萧条期和增长期之间集中购买。

最明显的结论就是一家企业从事的收购活动越多，所产生的价值就越多。那些在15年间进行过20次合并的公司的平均表现要胜过那些只进行了4次或更少合并的公司70%，几乎100%地胜过那些没有进行收购的公司。虽然频率是重要的，但是通过经济周期进行持续性的收购也很重要。持续的收购者是最成功的，胜出增长组130%，低迷组80%；萧条组位列第二，高于增长组40%。

业绩表现最好的收购者从小规模的收购开始，使它们的过程流程化，并且建立反馈系统以确保它们从每一次错误中有所收获。对目标进行持续检查，并识别有前途的企业。各级管理层应尽职调查，建立起永久团队，为整合设计精确的参数。最重要的是，持续的收购者擅长说不。一项收购业务的各方，例如投资银行家，有强烈的动机完成收购，但是成功的收购方会设定一个跳楼价并坚持。并购交易和组建企业是有区别的，也并不总是兼容的。从长期来说，后者更重要。

合并中，如意算盘落空的风险是很高的。即使计划是合理的，价格是适当的，预期的协同效应也实现了，但是仍然有可能发生莫非定律——越怕出事，越会出事。

## 12.3 测定协同效应

在计划一次企业合并以及确定报价时，收购方往往会预期从合并中获得可观的协同效应和战略优势。然而，获得的好处很难达到预想的程度。在发表于《商业周刊》（2002 年 10 月 4 日）的一项对 1995 年 7 月至 2000 年 8 月之间的主要合并的分析指出，对预期协同效应的过多支付是导致失败的主要原因。有利交易的关键就是“为你将获得的东西付费，而不是你认为你将获得的东西”，并且要确保收益在双方股东之间公平分配。

协同效应通过交易产生的自由现金流的净增加来体现。合并后企业所产生的预期价值远高于合并之前它们各自产生的价值之和。除了增加自由现金流以外，合并还可能降低每家企业的经营风险，并会对创造未来机会产生积极的影响。

一个报告单位或者现金产生单位的公允价值，必须将市场参与者获得的预期协同效应所带来的好处考虑在内。这意味着公允价值存在于某个战略层面，并可能高于公允市价。当然，就像在第 4 章中指出的一样，它也可能明显低于公允市价。

## 12.4 内在价值和投资价值

当谈判购买价格时，收购方可能会接受接近底价的价格。这就是目标企业的公允市价，有时候也称内在价值。上限就是收购方认为能够从得到的好处中体现出来的投资价值，主要考虑到收购方的市场地位、计划中的改变、预期的扩张、期望的未来机会以及变化的风险状况。随着利益在双方股东之间的分配，购买价格通常介于这两个数值之间。

## 12.5 量化

公允价值以及它与公允市价的关系已经在第 2 章中讨论过。它假定收购方能够取得可以被市场参与者利用的协同效应。如果协同效应没能实现并且取得的净资产的公允价值低于所支付的金额，那么就可能发生商誉减值损失。

协同效应可以分为两大类：增加收入的一类和降低成本的一类。两类都可能影响支付给目标企业的金额。

可能增加收入的因素包括：

- 互补的交叉销售项目。
- 产品线的整合。
- 客户多样化。
- 更好地利用销售渠道和营销计划。
- 更高的售价。

可能节约成本的因素：

- 加速进入目标业务。
- 提高规模经济。
- 增加购买力和数量折扣。
- 降低资本成本。
- 取得更好的技术。
- 确保供应来源。
- 消除重复的行政活动。
- 减少资本支出。
- 增加营运资本的利用。
- 更好的产能利用率和生产率。

整合一家收购企业和目标企业通常会发生额外费用，过去发生的情况并不常与同一水平的分析一致，预测的收入增加和成本减少也是如此。它们经常超过预算，并且有时候超出收购方的预期。在应用 ASC 805 或者 IFRS 3 时，这一特点必须予以考虑。潜在的额外费用列示如下；一些是一次性费用，其他将被分摊到不止一个报告期间：

- 临时的双重管理层。
- 遣散费。
- 合并销售人员、控制以及信息系统。
- 处理重叠的客户关系。
- 转移人员。
- 监督整合。
- 终止租约。
- 增加的法律活动。
- 不可预见的竞争者活动。
- 杂项应急费用。
- 同化不同的企业文化。
- 公司搬迁成本。

### 12.5.1 公允价值

协同效应很难直接评估，因此经常通过目标企业的投资价值与内在价值的差额（前文已经讨论过）对其进行量化。这两种价值是分别按照现有经营、新兴的经营活动以及未来机会建立的。

现有经营的内在价值通常是通过当前收益的资本化来获得的。新兴的经营活动几乎都是通过折现预测现金流进行估值，未来机会通常被赋予较低权重，除非目标企业的管理层提供了细节。在所有情况下，如果没有选择市场途径下的某一种方法作为主要方法，那么应该用该方法来加以确认。

对于投资价值，FASB 和 IASB 倡导用现金流折现的方法（DFC），但是不要在现有经营、新兴的经营活动和未来机会间使用不同的方法。虽然其建议是满足前两条的，但是实物期权的方法对未来机会往往更有用。它相对容易地通过管理层预测而非市场参与者预测来真实地反映 DFC 价值中的预期协同效应和额外费用，其中管理层预测包括：

- 预期效益。
- 与它们有关的成本。
- 实现它们的时机。

与实现预期收益相关的可能风险应该反映在折现率中，它可能低于投资价值而不是内在价值的折现率。

当很难确定预期收益的时机或是其取得机会时，一种令人满意的解决方法就是估算各种情景下的金额和相关成本。应该按照现有业务、新兴的经营活动以及未来机会的投资价值分别单独确定，然后根据它们的可能性进行加权。在这种情形下，第一芝加哥法（the first Chicago method）的要素是适用的。这种技术经常被用于风险资本投资，它用三种情景（成功、幸存和失败）设想一家企业运营三至五年后的情形。然后计算潜在脱手价格的加权现值。应用协同效应的各种情形如下：

- 成功。保守预期的并购后的协同效应得以实现。
- 幸存。一半的预期协同效应得以实现。
- 失败。没有实现协同效应。

由于与实现收益有关的风险反映在概率中，因此三种情形都使用同一个折现率。

### 12.5.2 战略优势

某些来自于并购的收益或许并不能对现金流产生可识别的影响，因此并购是一种战略优势而非协同效应。当用组合法计算折现率时，把它们当成某些风险的降低更合适（见第 8 章），例如：

- 减少竞争。
- 增加市场份额。
- 逐渐增长的机会。
- 更小的财务波动。

### 12.5.3 实现的时机

在计划一项收购业务时最常见的错误之一就是低估了实现预期的协同效应所需要的时间。这往往与整合目标企业与收购企业文化十分困难有关。例如，如果一家公司的营销和分销力量是高度集中的，而另一家是区域分散的，那么这两家公司的营销和分销工作便不能够协调，所以实际上也不可能增加收入。

### 12.5.4 非核心业务活动

在几乎每一项收购中，目标企业正在进行的一部分业务是与合并企业的主要业务不太适合的。在过去，许多企业都试图通过与核心业务不直接相关的产品和服务的多样化来降低风险并加速增长。现在这些部分通常都被出售了。

### 12.5.5 集团折让

当一家企业的价值低于它的组成实体的价值之和时，这家企业就被认为遭受了“集团折让”。一个例子就是 Seagram，一家成功的蒸馏酒业公司，它在 1981 年通过持有 24% 的股份获得了杜邦公司的控制权。杜邦公司的利润占报告利润的 70%，但是由于只有股利记录在了现金流量中，因此公司的 PER 下降了，表面上看是由于“缺乏焦点”。后来（1995 年）为了获得增长，管理层卖掉了杜邦公司收回了 90 亿美元的现金，这些钱很多花在了电影和音乐帝国环球影城的股票上。在 Seagram 公司被 Vivendi 公司收购以后，以前的酒类公司都被零散出售。最终的结果是控股家族的财富下降幅度超过 50%。

在评估一项收购的协同效应时，至关重要的是确定哪些业务和资产是非核心的，并尽早决定何时并以什么价格将其出售。基本的方法就是将目标企业的组成和价值划分成单独的部分。虽然可比的交易能够提供一些参考，但是要记住没有两家公司在风险和潜在现金流方面是一样的。仔细分析能够确保可比交易真正可比。

集团折让的一个主要原因就是缺少报告或者现金生成单位层次的信息。这会产生导致价值降低的风险，无论其来源是什么。对收购方来说，难以确定的就是与分解企业相关的交易成本和税务成本。完成合并以后，为所谓的孤儿寻找买家将会比预期耗费更长的时间和更高的成本，因为当它们的可获得性变得众所周知，那么抄底的人便会出现。收购方必须考虑以合理价格找不到买家而使不想要的部分留在手里的可能性。在这种情况下，可能只剩下推测剥离的最终方式

(例如，资产或股份出售，资产分派等等)。

### 12.5.6 真正的资产

钻石技术合作伙伴是一家芝加哥战略咨询公司，该公司的 Joel Litman 在《财务战略》杂志（2000 年 11 月）的一篇文章中指出，大部分企业都拥有除了部分作为商誉以外的没有记录在财务报表上的真正资产，因为它们并不符合作为无形资产的会计目标。一些例子如下：

**关系**

- 独特的合作伙伴和联盟。
- 关键的供应商。
- 独特的竞争者关系。
- 独特的政府关系。
- 金融家关系。
- 特殊的员工/联盟关系。

**关注**

- “眼球”。
- 交通：步行、车辆、其他。
- 心理关注。

**技术**

- 硬件设施。

**品牌权益**

- 声誉。
- 认识。

**智力资本**

- 内部技术专家。
- 专业的市场经验。
- 研究和开发。
- 专有资料或信息。

**过程**

- 核心竞争力。
- 范围或规模经济。

**财务**

- 获得股本。
- 获得廉价的负债。

**管理层**

- 董事会和管理层的专有特征，如行业关系。

- 声誉。
- 领导能力。
- 团队合作。
- 深板凳。

**劳动力**

- 高峰和低谷时期的人员获得。
- 工作流管理。
- 好的员工文化。
- 员工知识。
- 强大的招聘能力。

管理层应该受到质疑，即这些项目和它们的价值应该与被记作商誉的剩余数额相符。

# 第 13 章　购买价格分摊

成功的投资是能够感知他人的预期。

——John Maynard（Lord）Keynes（1883—1946），英国经济学家

当企业合并结束后，真正的估值工作就开始了。财务会计标准委员会（FASB）和国际会计准则理事会（IASB）均要求因合并目的而确认买家，并将获得的所有资产和技术以及目标企业（被收购企业）的负债和假设的或有负债以它们的公允价值记录。获得净资产的公允价值总额与购买价格之间的差额被归结为商誉。这一过程被称为购买价格分摊（PPA）。

编制一份 PPA 报告是一项艰巨的任务，除非编制者已经对这一过程的所有部分都了然于胸——不仅要掌握规章和准则，还要掌握间或涉及的复杂的估值方法，尤其是针对无形资产的。把这些事情交给评估师和审计师是极具吸引力的，但不幸的是管理层要对此负责。评估师只是顾问，他们提供事实（有时是范围），但不做最终决定。审计师也是一样，他们仅证实结论和支持证据的合理性。管理者时常会为最后的问题而感到惊讶，或是吃惊于（新的）资产和负债公允价值的分摊对利润产生的影响。本章试图使编制者和使用者了解这个程序以避免不必要的麻烦。

PPA 过程包括五个相联系的步骤：

1. 确定购买方。
2. 建立考虑的公允价值。
3. 确定包含的所有项目。
4. 选择合适的估值工具。
5. 估计公允价值并调整使回报率一致。

本章并不包括对《财务会计准则公告第 805 号——企业合并》（ASC 805）或是《国际财务报告准则第 3 号——企业合并》（IFRS 3）的回顾，也不讨论合适的估值方法。后者的绝大部分可以在其他章节中找到。本章纯粹介绍过程以及同时发布的报告的结构和内容。

## 13.1　第 1 阶段：确定购买方

确定购买方不总是很容易，或者真的不见得像有些人认为的那么简单，购买方和目标方双方都是用控制这一概念来界定的。这是为了控制企业从活动中获得

利益的财务和经营政策。尽管 FASB 和 IASB 没有予以明确，但是经营政策通常与销售、营销、生产、人力资源和投资功能相关，财务政策包括预算、信用条款、证券发行、现金管理、资本支出和会计惯例。

### 13.1.1 控制

控制同时包含了管理及其经济后果——收益和风险的概念。当一家企业有能力去管理另一家企业的政策但没有从其活动中获利时，就有一个控制不存在的假设。一个例子就是有限责任合伙人，他可能收费负责管理但没有其他的参与。当一家企业（母公司）直接或间接拥有另一方投票权的一半以上，就能假定为控制。然而，在例外情况下，也有可能证明这样的所有权不构成控制。当母公司拥有 1/2 或是更少的投票权却有能力任命或解雇治理层的多数成员或是不管用什么方法，能够在集团会议上投大部分票时，控制也是存在的。当两个企业联合控制时（如他们能够共同行使权力），根据《财务会计准则公告第 323 号——投资：权益法和合资企业》（ASC 323），或者《国际财务报告准则第 11 号——合营安排》（IFRS 11），它可能是一家有效的合资企业。

### 13.1.2 潜在表决权

一家企业也许拥有潜在的、如果经过行权或转换能够给企业带来额外的投票权或降低另一方投票权的工具（例如股票购买权证或期权，或是能够转换成有投票权股份的负债或权益工具）。根据美国公认会计原则（GAAP），这样的潜在投票权是不予考虑的，但是如果它是立即可行使的，那么根据国际财务报告准则（IFRS），在确定收购方时它是很重要的。不论哪种情况，收益或损失的比例以及分配给母公司权益的改变和非控制性权益都是由现有的所有权确定的，而不是由任何的投票权确定。在评估潜在的投票权对控制的影响时，应考虑所有影响它们的事实和情况，包括行权条款和其他的合同安排。然而，关于行使或转换这些权利的管理层意图和财务能力是不相关的。

在上下文的概念中没有清楚地表明哪一种企业是收购者，其他要考虑的因素如表 13—1 所示。

表 13—1 **影响控制的其他因素**

| 因素 | 收购者是 |
| --- | --- |
| 考虑主要现金、其他资产或发生的负债 | 通常转移现金或是其他资产，或是发生负债的企业 |
| 考虑主要权益 | 通常会发行股权的企业，然而，反向收购中目标企业也可能发行股权 |

续表

| 因素 | 收购者是 |
|---|---|
| 相对规模 | 通常规模（资产、收入或利润）明显更大的企业 |
| 超过两个合并企业 | 通常发起合并的企业，然而也需要考虑相对规模 |
| 新的企业发行股权 | 这样的合并企业，其所有者收到了合并以前存在的最大比例的权益，在其他部分中通过应用指引进行识别 |
| 新的企业转移现金或其他资产，或是发生负债 | 新企业 |

## 13.2 第2阶段：建立考虑的公允价值

确定考虑的公允价值也不总是像表现的那样简单。然而，它确实是非常重要的，因为它直接影响记录的商誉金额，或者在一些情况中，影响廉价收购的性质。考虑的因素包括：现金，挑选出来的金融、实物或是无形资产；其他业务；负债权益；不同种类的股票以及其他的金融工具，例如股票购买权证以及或有负债，和基于财务表现额外对价条款或是或有价值的权利。向前任所有者作出的一些支付，也许不是为了换取企业，例如是为了服务、使用财产或是利润分享。这些金额应该区别对待并合理地费用化。当考虑除了现金以外的其他任何东西时，收购方需要衡量它在交易日的公允价值，因为这时取得了目标企业的控制权。使用的技术在前面的章节已经讨论过。

**例子**

为了证明这一过程，我们考虑一家元件制造商加利福尼亚科技公司，在2007年12月31日的购买情况，这一时点正是2008年许多市场变得不活跃迎来经济大萧条之前的一个普通时点。价格是110 000 000美元，支付情况如下：

| | 名义金额（千美元） | 公允价值（千美元） |
|---|---|---|
| 现金 | 40 000 | 40 000 |
| 非计息到期票据（相同的1年、2年和3年） | 30 000 | 28 055 |
| 外国母公司的股份 | 30 000 | 23 775 |
| 基于财务表现额外对价条款——基于DBITDA的增加 | 10 000 | 3 893 |
| | 110 000 | 95 723 |

除了现金，每一项名义金额都需要调整成公允价值予以记录。

**非计息到期票据**

票据是由国内的收购方美国基金的子公司发行的，由其母公司，一家亚洲的跨国公司提供担保。在欧洲美元市场，它按伦敦银行同业利率（LIBOR）借款，当时大约高于美国国库券50个基点（bp；100bp=1%）。它给出的1年期票据的利率是2.97%，2年期票据的利率是3.33%，3年期票据的利率是3.66%。因此票据的公允价值是面值按照这些利率的折现。

| | 名义金额（美元） | 公允价值（美元） |
|---|---|---|
| 1年期票据 | 10 000 | 9 711 |
| 2年期票据 | 10 000 | 9 366 |
| 3年期票据 | 10 000 | 8 978 |
| | 30 000 | 28 055 |

**外国母公司的股份**

外国母公司的股份在当地证券交易所上市，但是根据国家法律，对于私募配售有一年的持有期，本次交易就属于这种情况。因此，产生的折价通过Black-Scholes模型假设买入—出售价差来计算12个月看跌期权的成本来获得，预期波动率是56%，折让是20.75%，使3 000万美元的名义金额减少到2 377.5万美元的公允价值。

**基于财务表现额外对价条款**

2008年基于财务表现的额外对价条款以息税、折旧、摊销前利润（EBITDA）的增加为基础，是2007年的2倍，2008年末达到应付账款的最大值1 000万美元。管理层认为很有可能（75%的可能）EBITDA的增加额会是267.5万美元。因此，基于财务表现的额外对价条款的公允价值是389.3万美元，即401.25万美元（267.5万×2×75%）按照1年的贴现。

**考虑**

考虑的公允价值总额是9 572.3万美元，总的名义金额的贴现率为13%，不是一个不合理的数字。

### 13.2.1 替代期权奖励

通常收购方会向目标企业的员工发行股票期权来替代现有的与目标企业股票有关的奖励，最少是部分的。那是试图保证目标企业的员工在企业刚刚合并后与合并之前处于相似的经济状况。替代期权奖励也许还包括额外的服务要求，鼓励员工在交易后继续留下来。这样的奖励是考虑到他们与过去的服务或是报酬相关，并且涉及了未来的活动。

替代期权奖励被认为符合《会计准则汇编第718号——股权激励》（ASC 718）或《国际财务报告准则第2号——以股份为基础的支付》（IFRS 2）的修正。收购方必须分析形势来决定其是否有义务替换目标企业的奖励。如果目标企业或是它的员工有能力强制替代或者它是由协议、目标企业奖励的条款、适用的法律法规要求的，那么收购方是应该这样做的。如果它是一项义务，那么就需要考虑一定比例的替代奖励的公允价值，即其余的补偿。ASC 805 提供了计算应占比例的指引。

## 13.3 行业知识

在进行购买价格分摊过程的剩下三个步骤之前，评估师应该调查目标企业。一份正确的 PPA 报告能够证明透彻地理解了：获得的企业，经营所在的行业，全部的资产、负债、收入和费用，历史的财务表现以及交易的目的和结构。由于涉及了许多公允价值，因此询问、分析性程序和调整报告的财务报表对于得到一个合理的结论是十分关键的。

调查必须包括：目标企业的经营特点、生产方法、产品和服务的类型、物流系统、经营地点、校正措施、与相关方的原材料交易、至少去一个工厂参观。通过与管理层和员工的讨论、阅读相关出版物、上网搜索及其他尽职调查能够得到许多信息，而这些信息有助于对行业和公司形成一个全面的意见。这样做的目的是建立起对目标企业公允价值起到关键作用的那些特征和竞争环境。

### 13.3.1 分析性程序

在评估师会见目标企业的管理层之前，他或她应该分析公司的财务报表以确定需要额外信息的部分。这一工作为每个项目之间的关系或是项目本身不正常的提问提供了基础。除此之外，要仔细检查目标企业的会计政策和惯例以确定它们与收购企业的区别。典型的分析性程序包括：

- 比较最新的财务报表与前期的财务报表（如季度的、年度的），使用趋势和比率分析。
- 在了解目标企业及其行业的基础上确定两者的合理关系。
- 运用这种关系确认管理层的期望是合理的。
- 对照合理的预算、预测、规划及业务计划来检查实际结果。
- 研究内部关系，例如销售额与相关成本的变化或是除了房地产、厂房和设备（PP&E）之外的变化，并与折旧、摊销、维护和修理费用的改变作比较。

### 13.3.2 询问

当检查与调整经审计的目标企业的财务报表时，管理层对下列问题的反应很重要：

- 它们符合 GAAP 或是 IFRS 吗？标准得到了一致的应用吗？
- 收购方会计政策和惯例的差别会对过去的利润和现在的资产负债表产生

什么影响？

- 谁负责调整用于 PPA 过程的财务报表以反映收购方的会计处理？
- 在过去的两年，历史财务报表出现过什么不平常或是复杂的情况吗？有必要进行进一步调整吗？
- 在上一个报告期间，有任何重大交易影响任一方企业的前景吗？
- 前任审计或审阅业务中所做的所有调整都得到记录了吗？
- 自从交易宣告日以后，发生某些事件能够对用于 PPA 的财务报表产生影响吗？
- 应计调整、资本化调整或是其他调整中哪些调整显著影响将来的报告收入？
- 管理层知道任何关于涉嫌欺诈影响目标企业的调查吗？
- 是否有监管机构通知目标企业任何可能的调查？
- 目标企业的董事会或股东有什么行动影响了财务报表吗？
- 可以从前任审计或审阅处获得目标企业明显的组成部分、子公司或是其他投资对象的报告吗？
- 所有可获得的无形资产都被识别了吗？
- 根据《萨班斯—奥克斯斯法案 404 条款》或是《等效法令》的要求，所有的实质性漏洞均被识别出来了吗？

这里不需要将管理层的回答与额外的证据互相印证，但是评估师应该根据其他程序、一般经验以及行业知识不断地衡量它们的合理性和一致性。

## 13.4　第 3 阶段：确定包含的所有项目

完成收购以后，许多公司并不准确地知道它买到了什么，因为价格通常是基于历史利润、预计未来现金流量和协同效应的预期收益的混合的。在任何情况下，一个对收购方实际获得了什么的严格分析都是至关重要的。这几乎必然涉及未确认的资产和隐藏的负债。在对 PPA 报告所要求的各式资产的讨论中，应该识别出它们并详述它们对估值而言重要的特征。它还包括对相关技术指引及每一特定类别资产——金融资产、实物资产及无形资产，可接受的技术概述。

### 13.4.1　金融资产

第三阶段的初始步骤相当简单，就是识别出有形资产，通常可以在资产负债表中找到，并确定它们的公允价值。即使诸如工具、模具、夹具以及冲模已经完全被注销，但是它们还是会记录在过去的财务报表中。这时，其他任何资产都被划分为无形资产。最好的起点就是金融资产，它们通常最容易评估。对于许多金融资产来说，都存在提供第一层级或第二层级输入的市场。需要调整其他对目标企业很重要的项目，尤其是应收账款，因为它们的公允价值是交易日预期能够收到的贴现金额。

### 13.4.2 实物资产

实物资产包括三类存货和另外八种或八种以上的房地产、厂房和设备（PP&E）。存货的初始确认是在较低的成本或市场条件下，通常按照支付的价格进行确认。在企业合并中，目标企业存货的公允价值假定就是收购方的成本。这不会造成交易后账面价值的一个立即调减，即使因为目标企业的生产利润部分（它们往往超过了重置成本）包含在内。

***存货——材料和物料***

材料和物料存货的公允价值就是市场参与者在主要市场（如果不存在，则是最有利市场）的当前交易中出售它们能够收到的价格，而不是目标企业的成本。市场的选择是从收购方角度考虑的，因此市场会因企业的不同而有所不同。由于地点经常是存货的一个属性，因此参考价格需要根据运输成本进行调整。

如果收购方在企业合并以前从目标企业购买存货，则必须考虑它们的现存价值。当购买是一次公平交易时，收购方不应该除去目标企业在这些项目上记录的收益。

***存货——在产品***

取得的在产品的公允价值的计算方法与产成品的计算方法类似，通常它都是以市场参与者出售最终产品的估计售价为基础，需要完成生产过程的完成、必要的营销努力以及一个适当利润的成本调整等三个步骤。完成成本应该包括所有相关费用，如表 13—2 所示。

***存货——产成品***

在企业合并中，产成品存货通常用销售价格减去销售成本来衡量。第二层级的输入包括面对顾客的零售价格或是面对零售商的批发价格，需要就存货与可比市场项目情况和地点上的区别进行调整。公允价值是为了反映在交易中向完成销售过程的市场参与者出售存货能够收到的金额。从概念上来讲，公允价值应该是相同的，不论是调整零售价格（向下）或是调整批发价格（向上）。一般来说，应该使用需要主观改变金额最小的那个办法。

大部分情况下，产成品存货的公允价值是由市场参与者估计的销售价格决定的，某种情况下或是零售价格或是批发价格，都要经过销售费用和一个努力得到的正常利润的调整。销售费用是以假设市场参与者的预期为基础，与存货直接相关的、逐渐增加的费用。成本是指那些如果没有生产存货原本不会发生的费用，例如运输、包装、直接的营销和销售佣金。应该排除不能归因于存货的开销，尽管直接相关的成本是可以接受的。努力获得的正常利润应该低于收购方在交易后期望从存货生产中获得的边际利润，因为目标企业销售努力的收益是公允价值的一部分。

表13—2 可能与投资者相关的费用

| 费用 | 相关 | 排除 |
|---|---|---|
| 生产设备的修理与维护 | × | |
| 生产领域的公用设施 | × | |
| 生产领域的租金 | × | |
| 间接人工和产品管理，包括所有的利益 | × | |
| 间接材料与物料 | × | |
| 未资本化的工具和设备 | × | |
| 质量控制和检查 | × | |
| 配送与仓储 | × | |
| 从仓库到零售商场进行货物转售的运输 | × | |
| 为客户出货未予偿还 | | × |
| 一般和管理费用 | | × |
| 管理人员工资 | | × |
| 产品的减值 | × | |
| 工厂管理 | × | |
| 返工劳动、废料及损坏 | | × |
| 保险回购、产品和仓储 | × | |
| 营销、广告和销售 | | × |
| 研究和开发 | | × |
| 特许使用权费 | | × |
| 失窃 | | × |
| 购买原料和物料 | × | |
| 购买、仓储及运送的信息处理 | × | |
| 收入所得税 | | × |
| 利息 | 些资产 | 通常 |
| 包装设计 | | × |

**房地产、厂房和设备**

房地产（土地、建筑物和租赁权益改良）、厂房（机械、管道系统或其他附加到结构上的设备）和设备（可以灵活移动的项目，如交通工具、家具和电子设备）在企业合并中需要以公允价值计量。它们估计的剩余使用年限（RULs）是以收购方预期使用为基础，目标企业的 RULs 不复存在。

许多房地产、厂房和设备都要遵守与其退役有关的法律义务，例如在拆除厂房之前要清除石棉。资产弃置义务（AROs）应该在收购日按公允价值作为单独的负债予以确认（见第11章）。待出售的房地产、厂房和设备应该这样分类并按照公允价值减去成本出售。

租赁权益改良，像其他的房地产、厂房和设备一样，用收购日的公允价值计量并且RULs要重新评估。确实是这样，尽管ASC 805禁止收购方更改目标企业的租赁分类，除非改进变成了交易的一部分。这样的改进在剩余使用年限或是现有的租赁期及可被合理保证续约期之间较短的期限内进行分摊。这种决定是基于要么续约是廉价期权，要么如果续约失败会征收严重的罚款。当目标企业拥有明显的租赁权益改良时，收购方可以假设续约是可以合理保证的，因为因续约失败而蒙受的改良损失是很严重的。续约的权利决定了改良的剩余使用年限。

矿产权包括探测、提取以及从矿藏中保留至少一部分收益的合法权利。矿业资产包括矿产权，被认为是实物资产，在财务报表的附注中被划分为房地产、厂房和设备的单独部分。在估计矿业资产的公允价值时，收购方应该同时考虑未被证实的价值以及可采储量的范围，即在确定资产的公允价值时市场参与者能够包括的部分，还有未来市场矿产价格的预期波动的影响，从某种程度来说这与市场参与者的预期一致。

为了确定所有房地产、厂房和设备的公允价值，需要独立的房地产和技术评估人员。在评估的过程中，他们可以运用第3章讨论的最高最佳使用概念。对于财产没有必要实际使用。对于厂房和设备，通常使用它们目前的功能。关键是要包含所有的项目，例如模具、工具、夹具以及冲模那些已经完全注销的项目可能还在继续使用。

### 13.4.3 无形资产

在处理过金融和实物（有形的）项目（同时包括资产和负债）以后，重点转移到最难的领域——无形资产。为了得到记录，它们需要满足FASB和IASB或是合同/法律的或是分别的测试。它们通常被分成：

- 与市场相关：商标、因特网域名、非竞争性协议等。
- 与客户相关：客户名单、合约和关系、订单储备等。
- 以合同为基础：特许权协议、服务/供应合同、租赁、经销权等。
- 以技术为基础：技术、软件、数据库、商业秘密等。
- 与艺术相关：文学作品、音乐作品、图片、视频等。
- 政府授权：电视台许可证、移动通信、出租车等。

尽管符合标准，整合人力资源或人力资本被认为是商誉的一部分，但是它的公允价值还需要计算，这是因为在对其他项目应用几种可接受的估值方法时需要这一数额。目标是建立所包含的每一个可辨认的无形资产，并确定它的公允价值。任何剩余的金额就是商誉。在任何情况下，都要考虑三种传统途径——成本途径、市场途径和收益途径。

当一个项目被划分成一项无形资产时，会产生三个问题：它的使用价值是什么？经济转移价格有差别吗？它的剩余使用年限是多少？每一项无形资产也许可以当作一束权利在一个限定的期间转移，或是可以完全转移。从它们那产生的法律或经济利益增加了现金流，这构成了其他使用价值的基础。下面的列表涵盖了多数经济和估值方面分配的权利。如果这里有疑问，哪些权利被转移哪些会保留，就需要取得法律顾问的帮助。

- 许可证持有人或特许经营人被授予的权利一般限定于地理、品种、期限和应用。使用名字“McDonald's”。
- 所有者、授予特许者或是认可证颁发者在出售或转移其他权利时，通常保留剩余权利。剩余权利和所有权与从许可证持有人或特许经营人那里收取特许权使用费有关。
- 终身权益限制所有人或是接受人在有生之年拥有权益或是转移给另一方。终身产权意味着，只有在他或她活着的时候才能从权利上获得个人收入。定期利益（term interests）是在特定时期拥有或转移的权利，那段时间以后权利即被终止。
- 终止或复归权利是超过一定时期或是某项具体任务完成后，转移回原始所有者的权利。
- 部分所有权与组成无形资产的一束权利的部分利益有关。

### 13.4.4 知识产权

被称为知识产权的无形资产是受法律保护的。下面将分段讨论其中的三种——商标、版权和商业秘密。专利权被省略了，因为它是众所周知的。

**商标**

商标是文字、名字、标志或其他图案，用于表明产品来源并与其他产品区分开。一个服务标记识别了服务而非产品的发起人。集体商标用于识别集团成员的商品或服务。认证标识证明了地理起源或是产品或服务的其他特征。商标、服务、集体的和认证标识也许通过到国家商标局注册或是在一些国家通过不断的商业使用来获得法律的保护。不像专利权与版权，商标有时没有一个固定的法律寿命。公司也许将其从商誉中分离，并确认为一项单独的资产。当由具有相似使用年限的项目组成时，一组互补的无形资产通常被称为一个品牌。

**版权**

版权是一系列专有权，能够授权文学、音乐、戏剧、艺术作品及电脑软件作者后续使用作品的独占权：制作全部或部分作品；出新版本；销售、出租、租赁或出借副本；公开表演作品（如背诵、演奏、跳舞或表演）；或是公开展示作品，直接地或是通过电影、电视剧、幻灯片或者其他设备或方式。当有人未经允许复制、摘录、改编，或是出版受版权保护的作品，版权的前三个权利就被侵犯了。应该保证所有出版的原创作品都受到版权的保护。

当创作者单独地或是作为小组成员被一个组织聘请时，版权的所有权就可能成为一个问题，因为版权将属于这一实体。当个人是一名员工时，这几乎不会有问题。例如，如果一家公司雇佣一个人来开发软件，公司通常拥有由此形成的资产所带来的法律权利。然而，如果根据合同，员工不论是单独地或是作为小组成员，他或她都可以选择只授予使用许可，并使用剩余的所有权来产生收入。像这样，在评估一项无形资产时，不小心地确定所有相关因素就假定实际的所有者是愚蠢的。

根据美国的《版权期限延长法案》，个人的版权在他或她死后持续 75 年，同时对于公司拥有的雇佣版权（由员工创造），在公开 95 年后终止。根据《统一商业秘密法》（见本章后面的以技术为基础的部分），法律认为与艺术相关的版权目的、工程设计和绘画是知识产权。

***版权的估值方法***

由于版权在一定期间内赋予了拥有者法定独占权，因此通常在收入途径下用下列方法之一来对其估值：

- 利润分割分析。由给定的版权产生的估计总收入在所有能够带来收入的公司活动中分割。
- 特许权使用费收入分析。这是对如果将版权授权给他人能够产生的特许权使用费的一种估计。
- 增量分析。这是对实体使用版权产生的收入与没有版权赚得收入的差别估计。

***商业秘密***

商业秘密是一种信息，包括公式、模式、编译、程序、装置、方法、技术或是过程，能够带来独立的经济价值或者是并不周知的潜在价值，并且在当前环境下保守秘密是合理的。商业秘密不用经过政府注册，但是要靠所有者的警惕保持。在美国，《统一商业秘密法》已经被 36 个州采用，它通过定义商业秘密以及给予的保护将法律一般标准化。行业内的公共问题或常识不是商业秘密。

在确定何种信息可能是商业秘密时需要考虑的元素包括：被企业外部知晓的程度、知道它的员工数目、如何保护它、它对于企业及其竞争者的价值如何、它是否能够被轻易复制。关键是只有在所有者已经采取了合适的措施维持与确保了秘密和财产所有权时，通过法律的商业秘密保护才是可能的。商业秘密和《版权法》保护同类信息，但有时它们是互相排斥的。然而，它们具有一些经济和法律上的相似性，根据《版权期限延长法案》，它们能够共同起作用。未出版的作品以及理念（或创意）都有足够的创新性有资格成为商业秘密，并且对这些信息保守秘密也是可能的。它们都是可以做到的，因为分发是受到制约的，根据协议要求被许可方（使用者）确认并保持经营方面的商业秘密。

这样的双重保护对于电脑软件是特别适用的，因为源代码在不限制的情况下是能够被公众取得的，这时商业秘密保护通常是不可能的。如果没有特定的许可协议，广泛地分发通常就会丧失它们的商业秘密状态，但它们仍然会获得版权保护。在美国商标局存放的一份经有效注册的产品的硬拷贝暴露了涉及的所有商业秘密。对于同时注册电脑程序与保守秘密有几种方法，最常见的方法就是完全隐瞒源代码，只在美国商标局存放目标代码，目标代码是不可能读懂的。

## 13.5　第4阶段：选择合适的估值方法

这一部分要讨论怎样正常地评估某些几乎在所有企业都能找到的资产。再一次使用加利福尼亚科技公司的例子，其购买考虑已经在第二阶段中讨论过。涉及的项目包括客户关系、商标、技术、整合人力资源和房地产、厂房和设备。

### 13.5.1　客户关系

客户关系通常是在收益途径下使用现金流折现的方法估值。关键的假设有：流失率——现有客户预期以多快的速度离开，预期的利润率（EBIT 或 EBITDA）以及分摊资产费用——使用其他关键项目（金融、有形和无形资产加上整合人力资源）的名义成本。

目标企业在欧洲和美国市场的行业运作好像并不相同。事实上，两者都主要从亚洲取得供应。从2004年到2007年，以欧元（未转换）计的单价与类似的美元成本相差少于5%。2004年4月，欧洲的销售单价是46.40欧元（折合56.50美元），在美国是43.00美元。3年后，欧元价格是47.10欧元（折合73.30美元），在美国是47.10美元。结果，2007年，欧洲的毛利率大约是26.3%，而美国则是10.2%。管理层希望这一好处能够继续，因为目标企业与德国买家有紧密的联系。因此，客户关系的价值要以10年间逐渐消失的价格溢价为基础。归结的金额是670万美元，这是下一个10年向欧洲客户计划销售取得的净收益以25%的折现率计算的现值。它体现了资本支出、营运资本、整合人力资源和商标分摊费用。

### 13.5.2　商标和技术

商标、技术和其他类似无形资产通常使用提成法（relief-from-royalty）进行估值。这种方法在第3章和第6章的例子里讨论过。它以此概念为基础，即这些项目的公允价值为如果企业没有拥有它们愿意为使用其支付的现值。生产商的商标被归于以市场为基础的特许权使用费，按2.75%计算，使用10年的预计销售额以及随后3%的增长从所有权处节省的金额税后按25%的折现率折现，得到的公允价值是1 160 万美元，类似计算给出技术的公允价值是1 550万美元。

### 13.5.3 整合人力资源

计算整合人力资源公允价值的例子可以在第7章中找到，在这个例子中，它值325万美元，被当作商誉的一部分。

### 13.5.4 房地产、厂房和设备

在确定房地产、厂房和设备的公允价值时，独立的房地产和技术评估人员会被推荐过来，因为它们具有许多特殊性。要包括所有已经注销但仍然在使用的项目是很重要的，例如模具、工具、夹具以及冲模，它们通常用成本途径来估值。必要的模具有明确的物理使用年限，已经被冲销了。它们的公允价值是它们调整后的重置成本，132.5 万美元。

生产商的资产包括许多未记录的、与它的主要厂房（专业的熔炉）有关的专有技术（商业秘密）。2000 年购买时，公司获得了48 台封存（没有投入运行）的熔炉，每台价值5万美元。在评估日（2007 年），有一半处于运行中，重置成本为每台60万美元，但是专有技术使得剩余的熔炉每台只价值15 万美元。工程研究表明它们有25 年的经济/物理年限，实际上与新熔炉规定的30 年很相似。

24 台运营单位的公允价值是1 140 万美元（考虑四个因素，每台价值47 万美元)。3 年里重建其他设备未来节省的现值是467.1 万美元，此外它们的账面价值是120 万美元，得到熔炉的总额是1 727.1 万美元。

## 13.6 第5阶段：估计公允价值并调整回报率

表13—3分析了加利福尼亚科技公司新的所有人实际上能够得到什么。实际上为一个标准化的税前利润为932.8 万美元、净收益为597 万美元的企业支付了9 572.3 万美元。有效的资本化率是6.2%（16.0 倍的PER)，是名义的PER 的18.4 倍（5.4%)，后者基于报告的购买价格为1.1 亿美元。

为了进行摊销，商标被认为是一项没有明确期限的无形资产。技术和供应合同有5年的剩余使用年限。没有包括税收利益，因为交易结构导致美国的税率仅为15%，并且不用支付外国税款。

每项资产的账面价值和公允价值与加权平均资本回报率（WARA）见表13—3。商誉为1 509.3 万美元，包括劳动力在内，占收到的总净资产的15.8%，是一个正常的水平。

表13—3　**加利福尼亚科技公司PPA调节表**　金额单位：千美元

| | 成本 | 累计折旧 | 账面净值 | 公允价值 | 加权平均资本回报率（%） | 指定回报 |
|---|---|---|---|---|---|---|
| **考虑取得的有形资产** | | | | 95 723 | 9.6 | 9 189 |
| 流动性的 | | | | | | |
| 现金 | | | 3 421 | 3 421 | 1.5 | 51 |
| 应收账款 | | | 1 995 | 1 895 | 3.5 | 66 |
| 存货 | | | 7 267 | 7 930 | 6.0 | 476 |
| 预付账款 | | | 4 198 | 4 198 | 0 | — |
| | | | 16 881 | 17 444 | 3.4 | 593 |
| 资本性的 | | | | | | |
| 土地 | 1 204 | — | 1 204 | 1 300 | 4.5 | 59 |
| 建筑物 | 2 312 | (215) | 2 097 | 2 600 | 5.5 | 143 |
| 熔炉 | 904 | (429) | 475 | 17 271 | 7.0 | 1 209 |
| 机器和设备 | 5 292 | (1 247) | 4 045 | 3 925 | 8.0 | 314 |
| 模具、夹具、工具和冲模 | 1 567 | (1 567) | — | 1 325 | 8.5 | 113 |
| | | | 7 821 | 26 421 | 7.0 | 1 837 |
| 订金 | | | | | | |
| 原料 | | | 22 825 | 22 825 | 8.0 | 1 826 |
| 公用设施 | | | 254 | 254 | 0 | — |
| | | | 23 079 | 23 079 | 7.9 | 1 826 |
| 总计 | | | 47 781 | 66 944 | 6.4 | 4 257 |
| **承担负债** | | | | | | |
| 应付账款和应计项目 | | | (2 481) | (2 481) | 0 | — |
| 租赁 | | | (4 150) | (4 150) | 6.8 | (282) |
| 定期贷款 | | | (11 583) | (11 583) | 5.2 | (602) |
| | | | (18 214) | (18 214) | 4.9 | (885) |
| **购买的账面权益** | | | 29 567 | 48 730 | 6.9 | 3 372 |
| **获得的未记录资产** | | | | | | |
| 商标 | | | | 11 600 | 12.0 | 1 392 |
| 技术 | | | | 15 500 | 12.0 | 1 860 |
| 供应合同 | | | | 4 800 | 10.0 | 480 |
| 整合人力资源 | | | | 3 250 | 11.0 | 358 |
| 商誉 | | | | 11 843 | 15.8 | 1 867 |
| | | | | 46 993 | 12.7 | 5 957 |
| **得到的净资产** | | | | 95 723 | 9.7 | 9 329 |

## 13.7 结论

编制一份 PPA 报告是一项复杂的技术过程。在许多方面，它比评估一个完整的企业更难，因为这中间管理层和评估师必须估计无数的现金流并建立适用于每一个现金流的收益率。尽管每一次交易都呈现出不同的情况，但也存在一些一般规则。

报告应该得到良好的支持，这样读者才能逐步地跟踪这个过程。报告必须证明已经了解了所有与交易相关的事实和情况，以便读者可以信赖这些结论。支持性文件必须清楚地列出并叙述得足够详细，这样才方便阅读者理解各种项目所使用的方法。如果一份报告描述的过程是不健全的，甚至用简略的、模糊的或是难懂的语言表述合理的估值过程，则这份报告是没有意义的。清晰地表达，它应该能够反映按照公允价值会计规则收购的经济事实。

# 第14章 资产减值

在理想环境下，存在一个假想的拍卖商，他会四处搜集关于买方和卖方的报价信息。如果买卖双方的报价不匹配，拍卖商会继续搜寻信息，直至市场出清。然而在现实社会中，买卖双方能够有效地联合抵制这样的拍卖商，并且不相信拍卖商的言行。

——Allen Sinai（1939—），美国经济学家

资产减值测试是美国公认会计准则（GAAP）和国际财务报告准则（IFRS）之间存在的最大差异之一。自2001年开始，GAAP将资产的减值测试分成两步：首先对有形和无形的长期资产（《会计准则汇编第360号——固定资产》（ASC 360））进行单项测试，接下来从企业整体的角度对商誉进行减值测试（《会计准则汇编第350号——无形资产、商誉和其他》（ASC 350））。而IFRS对资产的减值测试就简易得多，从1998年以来，《国际会计准则第36号——资产减值》（IAS 36）一直采用单步测试方法。单步的减值方法既适用于资产，也适用于现金产生单位的商誉。本章以报告单位和现金产生单位为基础，着重讲解公认会计准则下的两步减值测试和国际财务报告准则下的单步测试。

## 14.1 报告单位

报告单位的概念对公认会计准则下资产减值测试方法的应用至关重要。《会计准则汇编第805号——企业合并》（ASC 805）规定，在资产购置或者企业合并中取得的所有资产（包括金融资产、有形资产和无形资产）和承担的所有负债，都必须合理分配到报告单位中。根据《会计准则汇编第280号——分部报告》（ASC 280）的规定，分部的确定既可以按功能划分，也可以按地理位置划分，或者把企业整体看作一个主体。满足下列条件之一的单位，既可以作为一个分部，也可以看成是一个报告单位：

1. 与集团外部客户的交易以及与其他报告单位之间的交易占集团总销售额的10%以上。

2. 产生的收益或者发生的损失占集团合并利润或者损失的10%以上。

3. 持有集团合并资产的10% 。

### 14.1.1 企业的一个组成部分何时才能变成单独的报告单位?

企业的一个组成部分能否成为报告单位，取决于该组成部分自身的情况及其周围的环境。如果该组成部分同时满足以下三个条件，该部分就可以被认定为一个单独的报告单位：（1）拥有单独的业务并且能够获得与此相关的财务信息；（2）听从分部管理层的领导和监督；（3）拥有不同于其他组成部分的经济特征。对于经营分部而言，该经营分部若要成为一个单独的报告单位，则需要满足：（1）所有的组成部分均相似；（2）组成部分没有报告单位；或者（3）只包含一个组成部分。

组成部分转变为单独报告单位的判断不能取决于单一的因素和特征，该组成部分如何管理自己的经营活动以及如何与总部协调目标都会对建立单独的报告单位产生重大影响。如果企业以产品线进行管理，那么报告单位往往也以产品线划分。若企业以地域进行管理，那么报告单位就要按地域划分，同时使各地区受益的商誉也会被分摊进来。

组成部分是否拥有单独经营的业务也需要进行判断，如果发生转移的一系列活动和资产构成了一项业务，那么它也必须包含必要的投入和加工过程以维持交易后正常的经营。

通常情况下，对组成部分的评估要重视收益的质量，而不能仅仅关注收益的数量。产生收益、发生费用并不能认定该组成部分为一个报告单位，它可能仅仅是一个产品线或者一个品牌。当某一组成部分为其他组成部分提供资产和资源时，这表明该组成部分很可能不是一个单独的报告单位，或是存在与其他组成部分相似的经济特征。然而，有着相同经济特征却从属于不同经营分部的某些组成部分往往也不能组成一个报告单位。

例如，一个企业按地域进行管理，分成了三个经营分部（美国、欧洲、亚洲）。如果每个经营分部都拥有负责生产和销售的部门，则企业不会允许分布于不同地区的功能相似的部门组成一个报告单位。如果组成部门之间的功能存在差异，那么这些部门有可能组成一个单独的报告单位。

### 14.1.2 决策过程

决定报告单位的过程以选择经营部分和分解经济功能不一致的组成部分为起点。ASC 350 着重解决了报告单位而非企业整体应该如何管理的问题。根据该准则的要求，分部经理直接对分部负责并与总部决策者定期沟通日常活动，就分部的经营活动、财务成果和计划进行商讨。尽管分部经理不需要持续不断地与总部管理层进行磋商，但是分部经理必须定期审查分部的经营成果。因此，许多组成部分结合为一个经营分部，进而成为单独的报告单位，尤其对于那些经济功能不相似的分部而言。

如果资产、负债与报告单位的经营活动相关，那么这些资产和负债就必须分摊到该报告单位中，同时在评估该报告单位的公允价值时也必须考虑被分摊进来的资产和负债。拥有众多报告单位的企业，存在许多与报告单位生产经营活动没有直接联系的项目，诸如总部办公楼、终止经营企业产生的弃置费用或者是集团的债务，这些项目不需要分摊，而是要将其视为集团财产。退休金是支付给全体工作人员的费用，因此需要在各报告单位之间进行分配。相关的税费处理方法也一样，要与合并的收益相一致。

大多数管理层采用相同的技术来确定是否将经营分部变为报告单位。那些以地域进行管理的企业在分配商誉时可能会存在困难，因为位于不同地域的分部经营不同的业务。在这种情况下，企业合并过程中获得的商誉只能在那些与商誉相关的报告单位间进行分摊。为了简化分摊过程，大多数管理层倾向于在组成部分之间而非报告单位间分摊商誉。事实上在分摊过程中，通常会将组成部分和分部进行合并。

## 14.2 现金产生单位

现金产生单位（CGU）是IFRS进行减值测试的基础，但是减值测试应用最大的困难也在于相关现金产生单位的确认问题。幸运的是，这一困难不会影响资产的折旧、折耗和摊销的确定。现金产生单位的确定仅仅依赖于现金流，其被定义为“能够不依赖于其他资产或资产组而独立产生现金流的最小可辨认资产组”。这一要求比报告单位甚至是成本中心的要求低得多。对于零售企业来说，毫无疑问，每一个销售中心就是一个现金产生单位。现金产生单位不会大于经营分部，这一点与GAAP中的规定是一致的。

现金产生单位的确定通常采用自下而上的方法而非顺序法，并在考虑相关事实的前提下使用合并的方法。进行减值测试时，商誉和集团资产要以合理的基础分摊到不同的现金产生单位里，并且分摊的基础要保持一贯性。如果资产不能准确地分配到独立的现金产生单位里，那么原因可能是确定现金产生单位的标准过低。尽管存在其他的影响因素，但是现金产生单位的定义依然是最重要的因素。下面列示的因素会帮助大家判断现金是否具有独立性：

- 该部分的资产或者经营活动是否很大程度上独立于其他的资产和经营活动，并对企业至关重要？
- 就资产的取得和处置以及经营活动的继续和终止而言，管理层是如何监督与此相关的决策的？
- 是否拥有共用或者单独的基础设施？
- 在某一特定区域的业务活动（例如，运输）是否独立经营？
- 企业内部使用的中间产品，例如管道，是否存在活跃的市场？

- 是否存在外部人员使用本公司基础设施的情况，例如租赁空地？
- 现金产生单位对资产和经营活动的分配是否存在合理的基础？
- 监管要求是否导致需要在某一特定地区设立单独的企业？
- 特定层面的财务信息是否可以持续获得？

单独出售一项资产能够获取与该项资产相关现金流量的信息，但是对于产生独立现金流入（例如，印刷机及其外围设备）、与其他资产共同分担现金流出（例如，劳动力）的资产组而言，它是否可以算作现金产生单位就要取决于企业基础设施共享的程度。这一选择要能够代表企业的组织形式、对投资者有意义、反映企业经营单位的合并、考虑共用的设备与一致的定义，进而在合理和有支持性的基础上分配企业的资产。

**例子**

一家采矿企业拥有一条专用铁路线来支持铁矿石的生产经营活动。火车主要运输铁矿石，同时还单独带有一节车厢来为企业的员工和公司提供邮政服务。铁矿以成本加成法为基础来支付该条铁路线的费用，因此这条运输铁路线并没有产生很高的利润。由于该条铁路线只能单独对外出售，同时它产生的现金流量不能独立于铁矿的现金流，所以该条铁路线不能看作是一个现金产生单位。

某客运公司与当地市政当局达成协议，为五条单独的线路提供客运服务，与每条线路相关的资产和现金能够独立分辨。尽管有一条线路经营亏损，但是每一条线路都应该视为一个单独的现金产生单位。

## 14.3 商誉

GAAP 和 IFRS 对商誉的定义均为“并购企业支付的对价超过其可辨认净资产价值的部分”。商誉的确认金额中通常包含了那些获取的无形资产，这些无形资产不满足 ASC 805 或者 ISA 38 的确认标准，因而无法从商誉中分离出来。这就意味着商誉至少包含以下五个部分：

1. 以无形资产购入但是不满足无形资产确认标准的项目的公允价值。
2. 持续经营的公允价值。
3. 从企业合并过程中预期获取的协同效应的公允价值。
4. 并购者多支付或者少支付的价值。
5. 整合后的人力资源的公允价值。

## 14.4 分摊

将企业的资产和负债分摊到报告单位和现金产生单位的关键在于恰当地识别。如果资产和负债产生于生产经营过程或者与生产经营相关，再或者是与公允价值的确定息息相关，那么这样的资产和负债就需要分摊到经营过程中。大部分企业以各主体预期获得的收益或者它们的公允价值为基础把资产和负债分摊到这些主体当中。通常使用的分摊方法是，公司间的费用（例如一栋被诸多单位共用的办公楼）会被分配到占用该办公楼最多的使用者头上，然后该使用者再以租金的方式向其他小型使用者收取费用。这一方法也可以应用于共享服务的资产和负债的分摊上。

当诸如商标名称和客户清单这样的资产对许多主体都很重要的时候，分摊就会出现难题。其中的一个解决办法就是以相关收入，或者一段时期的平均收入为基础进行分摊。留存于与经营无关的单独主体内部的资产和负债通常要正常保留，例如未来的所得税收益。尽管其他的资产和负债会以不同的方式进行分摊，但合并获得的所有商誉都需要在那些能够从协同效应中获得收益的主体中进行分摊。商誉不会只与并购的企业相关，也不会只与某个报告单位和现金产生单位相关。

如果企业合并过程中获得的可辨认净资产的公允价值高于为合并支付的对价的公允价值，那么该项合并就是一项廉价收购。在这种罕见的情况下，并购者就需要确认与该项交易相关的溢价为一项收益。FASB认为这一做法会提高并购者在廉价收购和资产计量过程中获得收益的真实性和完整性。

## 14.5 GAAP下的长期资产减值测试

按照IAS 360的规定，长期有形资产和无形资产的减值测试要分成两步进行，这一处理方法不同于商誉的减值测试。在两步的减值测试中，首先要确定资产可能存在的减值迹象，然后再计量具体的减值金额。这一过程必须在商誉的减值测试之前完成，并注销最终确定的减值金额。在第一步中，企业不需要确定某项资产或者某一资产组的公允价值，它只需要将资产的持有价值与该项资产预期获取的未折现的现金流进行比较。第二步中，企业需要将预期获取的现金流折现以确定公允价值，进而将公允价值与持有价值进行比较来计量资产的减值损失。

**例子**

一项由许多企业共同掌握的无形资产是该行业的核心技术。由于该项技术被本企业和其竞争对手共同掌握，该无形资产的使用寿命相对较短，大约会持续3~7年。持续时间的长短主要取决于企业的性质、研发费用的多少以及该专利和版权的保护程度。在本案例中，该无形资产的大部分价值包含于该项专利中，并且预计的剩余使用寿命为5年。为确定该项资产的公允价值，该企业使用了提成法。

在某一有效日期，基于从公开渠道获得的数据，相似技术的所有者要求的专利权使用费为销售收入的2.8%~4.5%，该企业选择中位数3.25%。在上一财务报告年度中，该企业将收入的5.1%用作研发费用。表14—1列示了在该项无形资产剩余使用寿命内能够从此技术中获得的未折现现金流量和折现现金流量。

表14—1 **资产减值测试现金流量** 单位：千美元

| 年度 | 2010年实际数 | 2011年预算 | 2012年预测数 | 2013年预测数 | 2014年预测数 | 2015年预测数 |
|---|---|---|---|---|---|---|
| 销售收入 | 87 488 | 83 115 | 80 650 | 82 000 | 86 000 | 93 650 |
| 增长率 | | -5.0% | -3.0% | 1.7% | 4.9% | 8.9% |
| 应用技术的比例 | 60% | 48% | 33% | 25% | 18% | 15% |
| 相关收益 | 52 493 | 39 895 | 26 615 | 20 500 | 15 480 | 14 048 |
| 使用费（3.25%） | 1 706 | 1 297 | 865 | 666 | 503 | 457 |
| 有效日的调整 | — | -324 | — | — | — | — |
| 现金流量 | 1 706 | 972 | 865 | 666 | 503 | 457 |
| 总现金流量 | 3 463 | | | | | |
| 现值系数（20%） | | 0.8696 | 0.7246 | 0.6039 | 0.5032 | 0.4194 |
| 折现现金流量 | | 846 | 627 | 402 | 253 | 191 |
| 折现现金流量合计 | 2 319 | | | | | |

根据上表，未折现的现金流量总额为346.3万美元，在折现率为20%的情况下，现金流的公允价值即折现价值为231.9万美元。若该项无形资产的持有价值为294.5万美元，低于未折现的现金流总额，那说明该项无形资产没有发生资产减值。如果无形资产的持有价值更高，例如为350万美元，则表明该项无形资产存在减值的可能。那么，第二步就要计量具体的减值数值。该项无形资产具体的减值数值并非是3.7万美元，即持有价值与未折现现金流的差额，而是118.1万美元，也就是持有价值高于折现现金流的数值。

## 14.6 IFRS下的资产减值测试

IAS 36对资产减值测试的要求完全不同于GAAP将资产分摊于现金产生单位的处理方法。IAS 36涉及了两个专业词汇——可收回金额和使用价值。前者是资产的公允价值减去处置费用后的净值，因此有时也被称为可销售净值。而资产的使用价值则是指能够从资产的持续使用以及未来处置中获取的现金流量的现值，其中现金流量数值使用的是企业的预测数值，而非市场参与者形成的公允价值。

### 14.6.1 公允价值减去处置费用

如果资产的公允价值减去处置费用后的金额与资产的使用价值有一项高于资产的持有价值，那么企业就没有必要计算资产的减值金额，因为并没有发生资产减值。如果资产的公允价值减去处置费用后的净值不容易计算，那么资产的可收回金额就是其使用价值。对于待出售的资产而言，资产的可收回金额就是资产的公允价值减去处置费用后的净值，例如一项捆绑销售协议，其可收回金额就是售价减去处置费用。如果某类资产存在活跃市场，那么可收回金额即为市场价格（在可能的条件下，获取当前的交易信息；若不可获得，则可以使用最近的交易价格）减去销售费用后的净额。如果资产不存在一个活跃的交易市场，那么资产的可收回金额即为资产售价的最佳估计数减去发生的直接相关的费用，但并不包括已经发生的费用以及管理费用。在可能的情况下，最好为每一项单项资产确定一个可收回金额；如果不可能为每一项资产确定可收回金额，企业应该为资产组或者持有资产组的现金产生单位确定可收回金额。

在上述案例中，按照提成法最终计算出的折现现金流数值为231.9万美元，扣除预计的相关费用，就可以确定可收回金额的数值。扣除的费用应该包含销售的佣金以及直接相关的成本，其通常会占销售收入的10%左右。因此，本案例中可收回金额的最大估计数为208.7万美元（231.9万-23.2万）。由于计算出的公允价值减去处置费用后的金额低于资产的持有价值294.5万美元，所以必须计算资产的使用价值。

### 14.6.2 使用价值

资产使用价值的计算需要考虑下列事项：

- 估计企业预期从资产上获得的未来现金流量。
- 估计未来现金流量的数量和时间的变化。
- 能够代表现行市场风险的货币时间价值。
- 其他因素，例如市场参与者在确定未来现金流量时考虑的非流动性因素。

现金流量的预测要有合理的和支持性的基础，同时也要考虑最近的预算和预测数据（通常为五年），并以此来推断以后期间的数据。企业的管理层也可以通过分析以前年度预测现金流量与实际现金流量之间出现差异的原因来判断预测基础的合理性。资产的使用价值与资产的当前状况相关，同时企业没有承诺的调整和为提高企业经营效果的支出不应包含在内。使用价值的预测不包含筹资活动获得的现金流量和支付的现金流量，也不包括所得税的收支，因此所有的计算都是税前的。

### 14.6.3 折现率

计算使用价值时，企业需要使用税前折现率，该折现率需要能够反映当前市场对货币时间价值的评估以及与资产相关的特有风险，但是那些已经包含在现金流量中的风险应该排除。这一处理方法的目的是为了确定投资者要求的回报率，该回报率应使企业能够从该项目中获得与其他类似项目相同的回报。

对于单项资产、资产组以及现金产生单位而言，折现率应该是该企业在现行市场交易中借款购买特定项目所支付的利息率。如果企业不能够获得与特定项目相关的市场折现率，那么企业就要寻找替代折现率来反映资产使用寿命期内的货币时间价值，同时也要考虑相关的国家（地理位置）、当前的价格以及现金流量包含的风险对折现率的影响。评估者通常要考虑资产的加权平均资本成本、增量借款利率以及其他类似项目的市场借款利率。

在前五年里，与该项技术使用价值相关的现金流量的确定方法与 GAAP 的处理方法相同，在此基础上推断未来四年由此项无形资产完全摊销能够带来的收益。然而，两项会计准则对折现率的确定方法的处理却是不同的。

尽管加权平均资本成本和其他与市场相关的折现率都是税后的比率，但是使用价值的计算需要税前折现率。当加权平均资本成本为 9.8% 时，那么在计算公允价值时折现率必然会低于 20%，因为在 33% 的所得税率的作用下，所有者权益的税前成本仅为 17.1%。

有一种方法可以大致确定折现率，该方法首先用所有者权益成本的税后折现值，作为使用价值的替代数值，然后根据计算的折现数值估计出税前折现率。在本案例中，税前折现率大约为 33.25%。然而，按照管理层的判断，适当的折现率应该在 20% ~25% 之间，由此确定的折现价值为 250 万（25%） ~272.5 万美元（20%），最终确定的使用价值为 260 万美元。由于 260 万美元大于公允价值减去处置费用后的净值 2 08.7 万美元，因此最终确定的可收回金额为 260 万美元。由于可收回金额低于资产的持有价值，因此最终确定的资产减值损失为 34.5 万美元。总体上讲，IFRS 下的资产减值测试会产生许多数额较小的减值，并非几项数值较大的减值。

### 14.6.4 资产减值损失的转回

当存在迹象表明资产减值损失下降时，企业就需要计算相关的可收回金额。如果资产的可收回金额大于资产当前的持有价值，那么企业就需要转回之前确认的减值损失来提高资产的持有价值。在转回资产的减值损失时，持有价值的提高不能超过之前确认的减值损失总额。转回的损失要作为一项收益处理，同时资产未来的折旧金额也需要进行相应的调整。商誉减值损失是不允许转回的。

## 14.7 GAAP 对商誉的减值测试

为确定商誉是否存在减值，GAAP 从报告单位层面而非资产层面进行两步减值测试。与之前讲解的相同，第一步要判断资产是否存在减值的迹象，而第二步要对存在的减值进行计量。资产的减值测试每年至少要进行一次，且在每年的相同日期进行，但是不一定要在年末进行，所以每一个报告单位要选择自己的减值测试日期。此外，当下列事项之一发生时，企业需要判断该事项是否会降低报告单位的公允价值：

- 企业所处的法律环境和经营环境发生重大不利变化。
- 企业被监管者采取了不利措施或者出具了不利评价。
- 非预期竞争对手进入市场。
- 重要管理者离职。
- 考虑将某一报告单位的整体或者大部分出售或者购入。
- ASC 360 下的减值测试导致了资产的注销。
- 企业的子公司确认了数额较大的减值损失。

根据 GAAP 的要求，对商誉进行减值测试的第一步就是要通过比较报告单位的公允价值与持有价值进而判断商誉是否存在减值的迹象。如果公允价值数额较大，那么商誉就不存在减值，企业也不需要继续进行下一步的减值测试。如果报告单位的持有价值数值更大，那么企业就需要进行第二步的测试。报告单位商誉减值测试的计量就是要比较商誉的公允价值与其持有价值。如果公允价值大于持有价值，企业不需要记录减值；如果公允价值低于持有价值，则企业需要对减值损失进行记录。

报告单位商誉的公允价值确认方法与购买价格分摊法相一致。该方法要求企业确认所有金融资产、实物资产、无形资产、负债、企业合并产生的未入账的无形资产以及以前产生的商誉的价值。最常见的例子便是核心技术、客户清单和商标。

FASB 认为商誉不能够直接计量，并且商誉的公允价值是作为残余价值购入的。因此，在减值测试的第二步中，商誉的公允价值便是报告单位的整体价值与各项可辨认净资产公允价值的差额。

**例子**

表 14—2 列示了一个典型的报告单位。

在本案例中，为了简化计算，忽略了所有税收的影响，最终确定的所有者权益的公允价值（900 万美元）低于其持有价值（912.5 万美元）。因此需要对商誉进行第二步减值测试，也就是需要确定所有资产和负债的公允价值。表 14—3 列示了差异的所有来源。对资产和负债进行重述之后，确定商誉的公允价值为 408.3 万美元。由于商誉的持有价值为 532.5 万美元，因此资产的减值损失为 124.2 万美元。商誉的减值损失大于所有者权益的减少额（12.5 万美元），其原因在于第二步的测试中包含数额高达 105.5 万美元的未入账无形资产和企业内部合并产生的无形资产。

表 14—2　GAAP 对商誉减值测试的第二步　单位：千美元

| | 持有价值 | 公允价值 | 差额 |
|---|---|---|---|
| **资产** | | | |
| 流动资产 | 5 346 | 6 058 | 712 |
| 固定资产 | 1 047 | 2 031 | 984 |
| 无形资产 | 3 795 | 2 042 | −1 753 |
| 未确认无形资产 | — | 1 055 | 1 055 |
| 资产合计 | 10 188 | 11 186 | 998 |
| **负债** | | | |
| 流动负债 | 3 112 | 2 782 | −330 |
| 长期负债 | 3 276 | 3 487 | 211 |
| 负债合计 | 6 388 | 6 269 | −119 |
| 净资产 | 3 800 | 4 917 | 1 117 |
| **所有者权益** | 9 125 | 9 000 | −125 |
| 净资产 | −3 800 | −4 917 | −1 117 |
| 商誉 | 5 325 | 4 083 | −1 242 |

表 14—3　美国公认会计准则对商誉减值测试的第二步　单位：千美元

| | 差异来源 | |
|---|---|---|
| **资产** | | |
| 流动资产 | 105 | 有价证券的未确认收益 |
| | 607 | 后进先出法下存货的留存 |
| 总计 | 712 | |
| 固定资产 | 1 062 | 固定资产评估价格超过账面价值的数额 |
| | −78 | 计算机设备转售价格与其账面价值的差额 |
| 合计 | 984 | |
| 无形资产 | 1 753 | 依据现金流折现方法，将当前销售收入按持有价值分配进而确定的公允价值的差额 |
| 未入账无形资产 | 1 055 | 按照折现方法将当前销售收入分配后确定的合并商标的公允价值 |
| **负债** | | |
| 流动负债 | −330 | 应计项目的转回 |
| 长期负债 | 211 | 长期负债的利率为 8.5%，剩余支付期为 63 个月，每月的偿债数额为 5.2 万美元。差异额是待付本息总额与未来待支付本息按照 6% 折现后的现值的差额 |
| 所有者权益 | −125 | 市场法（参照企业）和收入法（现金流折现）确定的报告单位权益的公允价值为 900 万美元，持有价值为 912.5 万美元 |

### 14.7.1 应用

在商誉减值过程中将公允价值进行分摊并不会引起商誉持有价值的变化，尤其对于合并过程中产生的无形资产而言，即使它们的价值在减值测试的第二步会包含进来，但是其价值最终不会反映出来。只有当商誉的公允价值低于其持有价值时，企业才会通过减值测试调整商誉的账面价值。减值损失确认后，商誉的报告价值就会降低，形成新的账面价值。GAAP 不允许在以后期间将以前确认的减值损失转回。报告单位不能以依据企业的管理结构重新确认报告单位为借口而不确认减值损失。

### 14.7.2 市场资本化水平

在评估报告单位和现金产生单位的公允价值时，公众公司必须考虑企业整体的资本化水平，这需要依据单项资产的公允价值的合计在合理的范围内调整。这一结合所有单项资产公允价值的方法可以从市场参与者的角度得到印证。若企业整体的价值比单项资产价值的合计数额高出较大数值，则表明企业存在控制溢价和协同效应。考虑到 2007 年至 2009 年的市场状况，企业需要考虑交易价格的变化趋势，并不能仅依赖单一交易日的收盘价格。

# 第 15 章　审计师的核准

事实和真相往往没有必然的联系。

——William Faulkner（1897—1962），美国作家

现在我们来到最后一章，讨论一下审计师在核准财务报告涉及的所有公允价值的估计中充当的角色。财务报表涵盖了所有类型的资产以及大多数的市场状况，从最活跃的美国短期国债、票据、债券到仅仅是名义上的、只存在潜在市场参与者的市场。本人的上述评论是基于那些为审计程序制定标准的权威组织所发布的文件的，这些组织包括负责发布国际审计准则（ISA）的国际会计师联合会、评价审计准则（SAS）的美国注册会计师委员会。按照上述准则的要求，审计师们需要了解并且完全理解公允价值的计量、记录和披露相关的准则和要求，而与公允价值计量、记录以及披露相关的要求在财务报告概念框架中的重要性日益增加。

在最近的经济衰退（2008—）中，企业信誉下降，市场流动性降低，这些都增加了资产评估的难度，尤其是金融资产，因为与价格相关的信息不可获取或者获取存在困难。许多国内和国际的监管机构和相关组织都致力于帮助财务信息的使用者、提供者和审计师解决这些问题。然而，从评估师、企业管理层以及有经验的审计人员那里获取有价值的审计证据是目前解决该问题最佳的方法。

大多数的读者也许想知道，审计人员是如何确定程序和测试与公允价值计量相关的假设是否合理的，其是单独进行确认还是作为整体进行确认以及在财务报告中如何选择一个恰当的基础来包含审计结论。由于测试的执行人员是审计师，企业的管理层应该将与财务报告相关的假设信息谨慎地传达给审计师，因为这些假设构成了财务预测的核心。审计师的目标之一就是要确认上述假设是否合理，以及它们能否持续反映市场参与者需要的信息。审计师需要进行的另一个测试便是判断管理层估值过程的可靠性，该测试可以在考虑市场和经济状况的前提下，通过比较当前状况和前期状况来完成。

## 15.1　公允价值审计

公允价值不同于其他计量属性，因为当市场价格信息不能获取时，企业的管理层需要采用适当的技术和假设来获取有关价格的支持性数据，以此来反映企业外部的市场参与者的情况。公允价值的特征，加上有关估值的众多标准、方法的

复杂性以及对财务报告的重要性，使得审计公允价值的难度有所增加。尽管与公允价值相关的市场状况各不相同，并且公允价值的估值过程会受到环境的影响，但是估值报告依然有一些估值特征可以被审计师们利用，尤其是：

- 记录完整。在整个审计过程中，审计师要按照步骤进行。从管理层和评估师处获取的支持性文件都要在工作底稿中以复印件的形式清楚分类。有必要使整个叙述过程足够详细，保证所有已采用和考虑使用的方法和技术很容易理解。
- 将了解的所有相关事实和环境列示出来。如果审计师没有清楚地了解与被审计企业相关的事实，那么他或她就不能够得出恰当的审计结论。除非报告中列示了上述信息，否则审计师不可以依赖这些信息。
- 清楚列示。文件记录的目标就是要以清楚和准确的语言来反映存在的经济状况，以及为每一项基于市场的重要假设、预测和判断提供证据。

此外，审计师也要完整定义每一项业务活动，包含：

- 目标：详细说明审计客户、审计业务以及待评估项目。
- 目的：为何要进行此项业务活动，例如为了遵守 GAAP 或者 IFRS。
- 有效日期：相关的计量日期。
- 估值标准：GAAP 和 IFRS 采用的公允价值定义。
- 范围和局限：详细说明依赖的信息以及报告的适用范围。

下列内容对审计公允价值估值至关重要：

- 由于审计结论与财务报表项目的现实交易以及假想交易相关，因此审计的目标要基于特定日期项目的具体状况。
- 由外部人员而非企业管理层做出的职业判断和重要假设的范围，例如企业雇佣的专家以及审计师雇佣的专家。
- 信息与审计证据的可获得性或者缺失以及可靠性。
- 以公允价值计量的资产和负债的范围。
- 估值技术和估值模型的选择及其复杂性。
- 对计量方法以及不确定性项目的披露信息，尤其是在相关市场流动性较差或者虚构的情况下。

### 15.1.1 挑战

在当前环境下（2011 年），财务报表编制者和审计师面临的最大挑战之一就是如何获取与公允价值计量相关的可靠信息。支持性材料之间的性质和可靠性差别很大，与之相关的不确定性也是如此。当市场变得不活跃或者流动性较差时，相关的交易数据就会不充分甚至不可获得，因此公允价值的估计就要建立在其他基础之上，通常会使用模型来处理不可观察的数据以确定公允价值。这一做法增加了审计师对企业财务报告存在重大错报风险的怀疑和担心。

管理层认为正常的估值方法，也许审计师却视之为重大风险的来源。在此情形下，企业就要尽最大努力让审计师不受限制地接触管理层获取的信息，将可获取的所有信息视为潜在的审计证据。审计师需要获取管理层使用的所有输入和假设的充分、恰当的审计证据，这一过程会涉及审计师执业经验的运用以及利用相关专家的工作，以此来对相关市场的信息进行分辨和选择，同时控制假设变化的方式。经验表明，尽管在市场存在高度不确定性的情况下，公允价值的估计存在重大困难，但是审计师还是能够获取充分信息来核准财务报表记录的最终数据。

前面的章节提及过，使用公允价值计量的项目不限于金融资产和金融负债。依据报告框架，公允价值的计量可能会影响管理层对退休金的决定、对企业合并过程中取得的商誉和无形资产金额的确定以及不动产、养老金、股份支付、非货币性资产交换和其他项目。

### 15.1.2 审计要求

与公允价值审计直接相关的最重要的准则是《国际审计准则第 545 号——公允价值计量与披露审计》。对资产、负债和所有者权益组成部分采用公允价值计量，需要相关的原始记录以及之后的变动信息。此外，以历史成本计量的金融工具和其他资产也需要相关的公允价值信息，这些信息在财务报表附注中列示，作为补充信息，或者以此确定相关的资产减值损失。不同的财务报告概念框架对公允价值变动的处理方法不同，有的将此直接计入所有者权益，有的将此计入收益。

ISA 545 认为审计师的首要职责就是获取充分、恰当的审计证据以确保公允价值的计量和披露与企业适用的财务报告编制基础相一致。补充条款修改了其他准则对公允价值审计的相关要求，尤其是在了解被审计单位及其环境、重大错报风险、利用专家的工作、管理层声明、与董事会的沟通、披露、舞弊和持续经营等方面。

### 15.1.3 了解被审计单位及其环境

对于审计业务来说，审计师应当详细了解被审计单位及其运营环境。这需要审计师充分、详细检查被审计单位的内部控制以识别和评估由于错误或者舞弊导致的与财务报告相关的重大错报风险。这一过程需要审计师了解被审计单位的目标和经营战略，评估与财务报告相关的经营风险以及了解企业传达这些信息的过程。

当涉及购买价格分摊时，估值报告应该充分披露与估值目标相关的讨论，该讨论内容应当包含项目组成员已经尽最大努力获取关于资产、负债、收入和费用的充分证据来达成估值的结论。此外，还需要强调，企业的性质也在估值的过程中起到了至关重要的作用。有关目标的讨论还应该包含被审计单位历史、业务、组织结构、竞争环境和重要的经营事项。

企业过去的财务表现为收购计划提供了重要的参考内容。由于预测现金流量与企业获得的资产和承担的负债的公允价值密切相关，因此目标公司的历史财务状况是证实企业预测合理性的有利工具。这并不意味着不赚钱的企业在未来不能正常地经营获利，而是强调企业的管理层必须在估值报告中详尽地解释企业的显著增长或是转好的情况。

**估值过程**

企业管理层负责确定与公允价值相关的预测、估值、记录和报告过程。在某些情况下，公开价格信息可以获取，与公允价值相关的计量过程变得简单可靠。而当市场环境不活跃时，公允价值的计量就变得困难，也会涉及重要的假设。全面地了解公允价值的估值过程，包括所有重要和复杂的假设以及整个过程中涉及的主观程度，将有助于审计师识别和评估相关的风险。

许多金融机构都建立了严格的估值过程，同时进行了详细的披露。对持有的较为复杂或者流动性较差的资产进行内部评估的过程中，需要批判性的职业判断和原则，这样有助于应对与特定市场相关的挑战。因此，作为了解被审计单位的行业环境和监管环境的一个组成部分，审计师需要询问管理层整个估值的过程，尤其是在管理层修订了企业估值过程的情况下。

**特定资产**

鉴于特定金融工具的复杂性质，企业和审计师都有必要完全了解企业投资的证券及其相关的风险。审计师通过检查企业投资于特定金融工具的过程及其做决定时依赖的信息来建立相关了解。

无形资产作为企业合并中一项重要的组成部分，列示于购置价格分摊报告中的讨论内容通常是审计师能够获取的与此相关的首要信息。因此，报告应当对估值进行详细的描述并对其重要性进行说明。此外，查阅相关的会计准则将有助于审计师了解适用的编制基础和可采用的估值方法。这一选择将会清楚地指明各种类型的无形资产将如何影响企业的价值，尤其对企业现金流量、风险和增长率的影响。

## 15.1.4　重大错报风险

审计师采用的审计程序的性质、时间安排和范围将取决于每一项公允价值计量错报的可能性。审计实务中有关审计程序的确定依赖于相关的风险，审计风险的确定部分来源于对以下问题的回答：

- 投资决策制定过程存在哪些控制程序？
- 相关的决策是如何传递给企业的董事会的？
- 在每一特定投资决策过程中，企业付出多大程度的努力？
- 在进行投资之前，管理层是否对每一项资产的风险进行了评估？
- 专家对投资决策承担哪些职责？

- 企业是否有能力持续评估相关资产？
- 是否存在恰当的方法分别确定个人对投资决策和个人对公允价值确定的责任？
- 管理层是否对特定类型投资工具的风险评估过程进行了持续记录？

当公允价值的估值采用了不可观察的输入时，问题就会出现，尤其是在企业不存在能够对流动性较差、复杂性金融资产和技术性资产进行评估的专家以及信息获取受到限制的情况下。因此，企业经常对此做出假设，其中包括利用专家的工作、建立公允价值估值方法。假设对许多估值方法的完整性至关重要——例如，将未来现金流量折算为现值以及确定某一项目未来的终值。

支持性信息的可靠性将受到信息的来源以及信息的性质的影响。管理层可能会采用交易价格来确定金融工具以及某些重要投资的公允价值。然而当资产由出卖方首次转让时，交易价格就会存在主观性，此时就需要企业对交易价格进行调整，例如加入服务费用。不幸的是，大多数情况下，我们只能采用尚未披露的估值方法。为评估相关信息，审计师必须充分了解信息的来源，其是基于私下交易，还是类似资产之间的交易，其是否采用现金流模型，以及其采用的数据是否存在合并。对与价格性质相关问题的询问的目的在于，判别信息的可靠性以及与公允价值目标和定义的相关性。

**方法的选择**

市场状况的变化可能会影响估值方法的选择。一贯性是会计准则对财务信息质量的要求之一，但是当环境发生变化时，一贯的处理方法可能不再恰当。IAS 545 列示的一个案例展现了活跃市场的引入使得以市场为基础的公允价值的确定成为可能，此时模型估值不再适用。过去几年里的变化正好与此相反，市场变得不再活跃。尽管企业可以持续使用一个估值模型，但是对潜在假设的合理性要进行定期的检验。市场信息充分时采用的假设在市场变得紧缩时并不一定适用。因此，估值方法以及相关假设的一贯性与变化的适当性，对审计师都至关重要。这些变化都不会影响公允价值的计量目标，也就是公允价值的定义。

**审计证据**

对审计证据质量和数量的要求以及获取审计证据程序的规定都列示于《国际审计准则第 500 号——审计证据》（ISA 500）。审计证据是指审计师为形成审计意见、得出审计结论而使用的所有信息。除非企业的管理层能够提供有关公允价值的充分证据，否则审计师很难获得充分、适当的审计证据。但是，利用相关假设以及有效模型得出的信息，其可靠性往往低于从活跃市场获得的真实价格数据。

因此，有必要通过其他渠道来获取适当的证据，并且评估的错报风险越大，需要的审计证据越多。例如，当审计师或者专家判断企业管理层关于公允价值的结论是否合理时，他们将会比较一个新的模型与管理层采用的模型在产生结果方面的差异。审计师也可以考虑利用企业外部的资源来判定企业实务处理的合理性，金融机构对交易的追踪可以为企业相似投资公允价值的合理性提供证据。

**审计程序**

《审计准则第 101 号——公允价值审计》（SAS 101）也为财务报告中的公允价值审计提供了指南。本项审计准则规定，被审计单位的管理层有义务进行公允价值的计量、建立必要的会计和财务报告过程、选择适当的计价方法、编制估值报告以及按照 GAAP 或者 IFRS 的要求进行披露和列报。被审计单位可以雇佣具有资格的评估师履行上述义务。

适当的审计程序可以帮助审计师达成如下目的：

- 充分了解被审计单位的估值过程、相关的内部控制以及信息技术在企业中的作用。
- 考虑企业管理层利用专家工作的范围。
- 评估固有风险和控制风险。
- 评估审计结论是否与 GAAP 或者 IFRS 相一致。
- 就管理层执行与主要假设相关的特定活动的意图和能力获取充分、适当的审计证据。
- 评估管理层对估值方法的选择以及估值方法使用的一贯性。

审计师在审计过程中至少要执行以下几项强制性的程序：

- 通过检查被审计单位的主要假设、估值模型以及相关的文件和记录来测试被审计单位的信息处理过程。
- 单独或者从整体上评估被审计单位采用的主要假设能否为得出结论提供合理基础。
- 测试确定公允价值时采用的数据的合理性以及保证这些数据是在管理层假设下适当获取的。
- 核实数据的来源，确保计算的正确性，检查企业内部相关信息的一致性。
- 确定在何种情况下被审计单位的管理层采用市场数据来验证假设。
- 采用稳健性检验来验证被审计单位公允价值估计的合理性。
- 评估获取的审计证据的充分性和适当性及其与收集到的其他信息的一致性。
- 确定应当与被审计单位管理层和治理层进行沟通的事项。
- 确认管理层从事与公允价值计量相关的特定活动的意图和能力。

**核实重要假设**

审计师需要关注被审计单位管理层采用一些重要假设的意图，因此在识别对公允价值的确定至关重要的假设时，审计师需要进行职业判断。通常情况下，重要的假设包含那些对公允价值的计量有重大影响的事项以及对变化敏感、在数值上和性质上具有不确定性、容易受错误应用和偏见影响的事项。例如，短期债券的利率波动幅度要低于长期债券利率。特定的假设随着资产和负债计量途径——市场途径、成本途径、收益途径的特点而不同，应用收益途径下的现金流折现时，与现金流量金额、预计期限、终点金额以及折现率相关的假设就被认为是重要的。

审计师需要考虑公允价值对重要假设变化的敏感程度，诸如对市场状况假设变化的反应。正常情况下，被审计单位的管理层需要应用诸如稳健性检验这样的技术来验证假设的合理性、现实性以及是否有充分审计证据的支持，同时应评估是否与下列事项一致：

- 整体经济状况和企业面临的经济环境。
- 现存的市场状况。
- 企业计划，包括管理层对特定目标和战略结果的预期。
- 以前期间采用的假设。
- 企业过去的经验和状况对当前状况的适用性。
- 对其他会计项目进行估计时管理层使用的假设。
- 与预计现金流量相关的风险，包括潜在的变动性以及对折现率的影响。
- 采用的估值模型的性质。
- 企业的现实计划和过去经验。

**期后事项**

审计师也需要考虑可能存在的期后事项对公允价值的影响，此时就会涉及相关的审计准则。由于公允价值是资产或者负债等项目在资产负债表日的价值，因此尽管在事后做判断是不被允许的，但是资产负债表日之后、审计现场工作结束以前发生的交易或者事项，例如资产负债表日后处置的投资项目，可能会为公允价值的确定提供证据。但是在有些情况下，期后交易和事项反映了环境的变化，此时的价格信息就不能作为确定公允价值的证据。因此，当使用期后交易和事项的信息来确定公允价值时，审计师需要考虑估值日至资产处置日之间经济环境的变化对公允价值的影响。

**第三层级的输入**

第 3 章提及的第三层级的输入基于财务预测来估计公允价值，例如现金流折现法的使用。这一层级的估值在计量的可靠性方面具有较大的不确定性，这些不确定性往往来源于：

- 预测期间的长度。
- 采用的重要及复杂假设的数量。
- 与采用的假设和考虑的因素相关的主观性程度。
- 未来事件和结果的不确定性。
- 采用主观数据导致数据缺乏客观性。

审计师需要就上述因素评价第三层级的输入，并且要确认上述估值反映的是市场参与者的观点而非企业管理层的观点。

### 15.1.5　利用专家工作

项目组对包含公允价值在内的财务报表项目进行审计时，需要确保参与项目组的成员了解和具备与估值相关的知识与技能，进而确保对审计质量的控制，同时在必要的时候可以利用专家的工作。审计师通常在接受审计委托时或者之后，通过了解被审计单位及其环境，进而确定是否需要利用专家的工作。ISA 545 要求审计师在必要的情况下利用专家的工作，而《国际审计准则第 620 号——利用专家工作》（ISA 60）对利用企业雇佣的专家的工作或者事务所聘请的专家的工作提供了标准和应用指南。

尽管审计师可以利用专家的工作，但是审计师仍然需要获取充分、适当的审计证据来支持审计结论。ISA 620 强调在利用专家的工作时，专家需要对采用的假设以及方法的合理性、适当性乃至应用范围负责，但是审计师仍然需要在了解被审计单位以及实施的其他审计程序的基础上获取充分、恰当的审计证据来判断假设和方法的合理性与适当性。此外，ISA 545 也对利用专家的工作进行了解释，例如需要考虑专家的专业技能以及经验进而评估从专家处获取的审计证据的准确性和完整性。

### 15.1.6　管理层声明

ISA 545 要求审计师应当从被审计单位的管理层处获取关于重要假设合理性的书面声明，包括与公允价值计量和披露相关的假设以及企业管理层进行的与公允价值计量相关的活动的意图与能力。基于公允价值的性质、复杂性以及对财务报告的重要性，与计量和披露相关的管理层声明应当包含如下信息：

- 计量方法的合理性，包含与确定公允价值相关的假设以及应用方法的一致性。
- 公允价值估计和计量基础的合理性。
- 在企业适用的财务会计概念框架下，与公允价值相关的披露的完整性和适当性。
- 不论是否存在期后事项，与公允价值计量和披露相关的调整需要包含在财务报告中。

### 15.1.7　与董事会沟通

《国际审计准则第 260 号——与治理层沟通》（ISA 260）强制要求审计师应当与被审计单位的董事进行有效的双向沟通。由于公允价值的计量往往与不确定性相关，因此与财务报告相关的重大错报风险的潜在影响可能与被审计单位的治理层相关，例如采用的重要假设的性质、确定公允价值涉及的主观程度、以公允价值计量的项目对财务报告的整体影响的重要程度。此外，对金融工具及期后计量过程的合理控制也有必要与被审计单位进行沟通。

与被审计单位的董事会进行沟通也是至关重要的，尤其当董事会需要采取紧急行动时。在有些国家，审计师与董事会之间的沟通要求以法律、行政规定或者正式条款的形式确定。即使不存在上述规定，审计师也应当定期与被审计单位的董事会进行沟通。

### 15.1.8 披露

审计师应当确保与公允价值相关的披露与企业适用的财务报告概念框架相一致。当存在重大不确定时，披露更加重要，同时披露也可能成为重大错报风险的来源。例如，一些财务报告概念框架对披露内容做了如下规定：

- 与能够导致资产和负债持有价值的重大调整的风险相关的主要假设和其他不确定性因素。
- 估值结果的变动范围以及为确定估值采用的假设。
- 公允价值的估计结果对企业整体财务状况和经营成果的重要性程度。
- 被审计单位面临的风险，风险的来源，风险控制的目标、策略和程序，度量风险的方法以及与前期之间存在的变动。
- 基于企业内部和管理层提供的信息，企业面临信用风险、流动性风险和市场状况变动风险的程度。

尽管财务报告披露至关重要，但是披露不能够弥补不恰当的会计处理，并且在没有获取充分证据的前提下，审计师不应该允许管理层在财务报告中包含公允价值信息。

### 15.1.9 舞弊

《国际审计准则第 240 号——审计师对舞弊的责任》要求审计师应当考虑由舞弊导致的与财务报表相关的重大错报风险。有时，商品需求的急剧变化、资产价格的波动以及交易的重大调整都会导致企业发生非预期损失，企业的财务困难使得企业面临流动性风险和偿债压力。在这些情况下，出于维持个人奖金计划、隐藏管理层自身错误、保持企业举债能力以及避免财务报告损失的目的，被审计单位有动机进行舞弊。

财务报告舞弊往往会出现企业管理层凌驾于内部控制之上的情形，例如管理层采用了不符合可观察到的市场状况的公允价值假设。在流动性较差的市场中，模型的大量使用以及比较数据的缺乏为管理层操控企业经营成果和修改专家计算的数据提供了机会。即使不存在舞弊的动机，被审计单位也对财务报告调整存在一种本能的抵抗，其目的在于使自身的财务报告出现最满意的结果，尽管这一结果并不必然导致利润最大、损失最小。因此，在进行公允价值审计的过程中，审计师要考虑被审计单位的经营环境是否存在舞弊风险。在检查管理层对公允价值做出的判断和决策时，审计师也许会发现可能存在的错报。在这种情况下，审计师就需要判断该错报对财务报告整体的影响。

### 15.1.10　持续经营

审计师应当考虑被审计单位是否存在能够对其持续经营能力产生重大影响的事项以及与此相关的经营风险。正常情况下，企业在可预期的未来会持续经营，不存在破产、终止经营和破产保护的意图和可能性。因此，基于在正常生产经营过程中资产的耗费和负债的清偿，企业确定资产和负债的价值。但是当市场存在萎缩状况时，企业无法持续经营的可能性就会增加。需要考虑的相关因素包括：

- 资产公允价值的重要调整。
- 现有财务资源的持续可获得性。
- 融资成本和条款的修改。
- 资产价值实现能力的变化。
- 企业经营活动市场的萎缩。
- 以重大损失处置资产。
- 处于未决法律诉讼或者监管过程中。

对上述因素的考虑使得审计师能够评估与企业持续经营能力相关的不确定性，这一不确定性需要在财务报告或者审计报告中如实反映。《国际审计准则第 570 号——持续经营》就下列事项提供了指南：

- 活跃市场与不活跃市场。
- 评价可获得的财务信息。
- 使用从经纪商或者价格服务机构那里获取的价格信息，包括交易价格。
- 应用模型。
- 随着时间的变化，模型和假设存在的变化。
- 加强对金融工具的披露。

## 15.2　结论

在一系列财务报表审计中，审计师需要做大量的工作以获取充分的审计证据来验证管理层对公允价值计量的合理性。同时，本章也讲述了大量的审计程序，管理层同样也可以应用这些审计程序来获取必要的信息进而确定公允价值，而不会因重大疏忽面临质疑和诉讼。